【管理人译丛】
MANAGEMENT

如何制定成功的决策

用系统的方法决策复杂的问题

〔瑞士〕鲁道夫·格里宁（Rudolf Grünig） 理查德·库恩（Richard Kühn）／著
李向红／译

SUCCESSFUL
DECISION-MAKING

A Systematic Approach to Complex Problems

中央编译出版社
Central Compilation & Translation Press

中文版序

中国有着悠久的制定决策的历史。从孙子时代起就对解决复杂的政治问题和军事问题进行了大量的分析和研究。随着中国的改革开放和经济的快速发展，企业的决策任务变得越加重要，本书就是针对企业的决策制定程序而写的。

本书的目的是帮助公司、非盈利组织和政府部门的管理者成功地解决复杂的决策问题，书的中间部分专门阐述了解决复杂决策问题的程序，其中包含了各个不同的步骤，并对这些步骤进行了详细的解释，而且用实例和图表做了说明。

鲁道夫·格里宁（Rudolf Grünig）
理查德·库恩（Richard Kühn）
2012 年 7 月

译者序

决策是任何行动的基础。对于一个国家来说，决策关系到国家的发展大计；对于一个组织来说，决策关系到组织的生死存亡。古今中外，不论在哪个领域，不论公共部门还是私营机构，因决策失误造成巨大损失的惨痛教训不胜枚举。在当今这个瞬息万变的时代，决策无时不在、无处不在。正确的决策更是我们建设和谐社会、实现可持续发展的根本保证。因此将本书介绍到中国更显得有特别重要的意义。

科学是西方文化的核心支柱，其表现之一就是讲规则。从某种意义上讲，所谓讲规则就是尊重定义、注重程序，不论做什么事情都一丝不苟地按照严格的、规范的、科学的程序进行。也正是因为这一点，西方很多大企业能够在全世界激烈的竞争中保持住自己的优势。

本书自始至终体现出一种精神，那就是求真务实、注重细节。我们从书中看到，即便是换一台车床这样一个看来很小的决策，操作者也会按照决策制定的要求和程序，认真分析，制定出各种方案进行比较，找出最理想、最可行的方案。可以说这些精神和做法是我们中国传统中所欠缺的，是真正值得我们认真学习和借鉴的。我

译者序

们在学习和掌握具体方法的同时，首先应该看重和学习的是这样的精神和态度。在翻译本书的过程中，译者感受最深的也正是这一点。

本书的第一作者鲁道夫·格里宁（Rudolf Grünig）是瑞士弗里堡大学（University of Fribourg）管理学院院长、终身教授、博士生导师，同时还是瑞士好几家著名企业的战略顾问。格里宁教授的第一本书、由本书译者担任主译的《如何制定公司战略》（Process-based Strategic Planning）中文版在 2005 年 8 月由中央编译出版社出版，受到读者好评。该书的英文版已在斯普林格（Springer）出版社再版了六次，足以说明其影响和受欢迎的程度。这本《如何制定成功的决策》可以说是在第一本书的基础上为战略决策的制定方法所做补充和完善，从一个更为微观和细致的角度对如何制定成功的决策做了全面的阐述。除了强调理论上的依据和规范的操作程序，作者还提供了大量极富表现力的图表和内容鲜活的案例。一些复杂的理论通过完整的案例得到充分的阐释和细化，既有可读性，又易于理解和掌握。相信读者在仔细阅读之后将得到很大的收益，面对任何复杂的决策都会从容不迫，用科学和理性的方法找到最好的行动方案，从而将利益最大化，损失最小化。

本书的英文版同样由著名的斯普林格出版社出版，这个中文译本是根据英文第三版译出的。在与作者长期的交流与合作中，译者与作者之间除了相互信任之外，还形成了某种默契，对书中的观点和写作风格都已十分熟悉，因而译文的质量得到很好的保证。另外对书中的重要术语和概念都给出了原文，以便使有一定英文水平的读者更好地理解内容。

最后需要强调的是，本书不仅适合于各种规模的私营公司和企

译者序

业,同样也适合于任何形式的公共组织和政府部门。只要有决策需求的地方,它就能发挥作用。

中央编译出版社的郑锦编辑对本书的出版给予了大力支持,在此表示最诚挚的感谢。

李向红

2012 年 9 月

目 录

引 言 ··· 1

第 I 部分 决策问题和决策制定的程序

第 1 章 决策问题 ·· 7

§1.1 决策问题定义 ·· 7
§1.2 决策问题的类型 ·· 8
§1.3 解决决策问题的方法 ·· 14

第 2 章 作为发现决策问题必备条件的目标和问题搜寻系统 ······ 18

§2.1 目标和问题搜寻系统在发现决策问题中的作用 ······ 18
§2.2 目标系统 ·· 19
§2.3 问题搜寻系统 ·· 24

第 3 章 理性的决策 ··· 29

§3.1 决策程序的事件排序 ·· 29
§3.2 理性决策程序的必要条件 ·································· 37
§3.3 用管理科学支撑理性的决策制定 ························· 39

目 录

第 4 章　决策程序 ·· 43

　§4.1　决策程序的定义 ·· 43

　§4.2　决策程序的维度及其价值 ································ 44

　§4.3　决策程序的类型 ·· 45

　§4.4　启发式（heuristic）决策程序与分析式（analytic）决策程序的比较 ······································ 46

　§4.5　不同类型的决策程序的例子 ······························ 50

第 II 部分　一般启发式决策程序

第 5 章　决策程序概要 ·· 63

　§5.1　一般启发式决策程序的意义 ······························ 63

　§5.2　对于子任务排序的建议 ···································· 65

　§5.3　对各个步骤的简要解释 ···································· 69

　§5.4　决策程序的基础 ·· 72

第 6 章　确定并分析决策问题 ······································ 77

　§6.1　概述 ·· 77

　§6.2　确认已发现的决策问题 ···································· 77

　§6.3　分析决策问题 ··· 81

第 7 章　制定并评估选择方案 ······································ 100

　§7.1　本章概述 ·· 100

　§7.2　制定选择方案 ··· 100

　§7.3　确定决策标准 ··· 108

目录

§7.4 拟定环境假设 …………………………………… 114

§7.5 作为第三、第四和第五个步骤结果的决策问题的结构 …………………………………… 119

§7.6 确定选择方案的结果 …………………………………… 122

第8章 确定选择方案总体结果的决策原则 …………… 128

§8.1 介绍语 …………………………………… 128

§8.2 克服多价问题的决策原则 …………………………… 130

§8.3 克服风险的决策原则 ………………………………… 137

§8.4 克服不确定性的决策原则 …………………………… 146

§8.5 运用决策原则克服多价和风险问题或多价和不确定性问题 …………………………………… 150

§8.6 对决策原则的评估 …………………………………… 154

第9章 对决策选择的总体评估 ……………………………… 156

§9.1 介绍语 …………………………………… 156

§9.2 清除不相关的选择 …………………………………… 158

§9.3 确定采用解析式方法还是概要式方法 ……………… 160

§9.4 在解析式决策程序中确定总体结果 ………………… 162

§9.5 在概要式决策程序中考虑选择方案的优势和劣势 …………………………………… 163

§9.6 协调所提出的选择方案 ……………………………… 163

§9.7 确定选择方案的实施 ………………………………… 164

第10章 一个说明运用程序的案例 ·········· 165

§10.1 初始情况 ·········· 165
§10.2 确定已发现的问题 ·········· 167
§10.3 分析问题 ·········· 169
§10.4 制定解决问题的选择方案 ·········· 179
§10.5 评估选择方案 ·········· 182
§10.6 做出决策 ·········· 188

第Ⅲ部分 特殊的决策问题以及解决这些问题的方法

第11章 决策顺序 ·········· 191

§11.1 决策顺序与有着几个子问题的决策问题之间的区别 ·········· 191
§11.2 使用决策树来展示决策顺序 ·········· 192
§11.3 在决策顺序中选择最佳决策方案 ·········· 194
§11.4 关于决策顺序的案例 ·········· 197

第12章 信息获取决策 ·········· 204

§12.1 决策中的信息获取决策 ·········· 204
§12.2 关于制定信息获取决策的建议 ·········· 205

第13章 集体决策 ·········· 216

§13.1 集体决策及其在公司中的重要作用 ·········· 216
§13.2 作为集体决策边界条件的集体目标系统和集体决策行为 ·········· 218

目 录

§13.3 制定集体决策的规则 …………………… 224

结束语 …………………………………………… 241
词汇表 …………………………………………… 242
参考文献 ………………………………………… 249

引　言

"做决策只是管理者众多工作中的一项，它通常只会占据他或她的很少一部分时间。但是做出重要的决策却是管理者特有的工作。只有高层管理者才做决策。"（Drucker, 2001, p. 19）

的确，做决策并不是管理者的主要任务，却是一个非常重要的任务。企业的长期成功乃至企业的生存往往依赖于制定出正确的决策。

正确决策的重要性已经被英国开展的一项研究所证实。这项研究在下图中得到概括。该图显示高层管理者每年要做出20多个决策。如果每个决策带来的平均经济影响大约为16.7万英镑，而失败率为24%的话，每人每年则会损失81.4万英镑（Capgemini, 2004）。减少失败率当然会为每个企业带来非常可观的效益。

大多数涉及企业长期成功和生存的决策都是很复杂的。这就意味着除了决策制定带来的心理压力，决策的制定本身也有着很大的难度。

本书所要解决的便是这些重要而复杂的决策问题。

全书共分为三个部分：

引 言

图表 决策研究结果简述
（选自 Capgemini，2004）

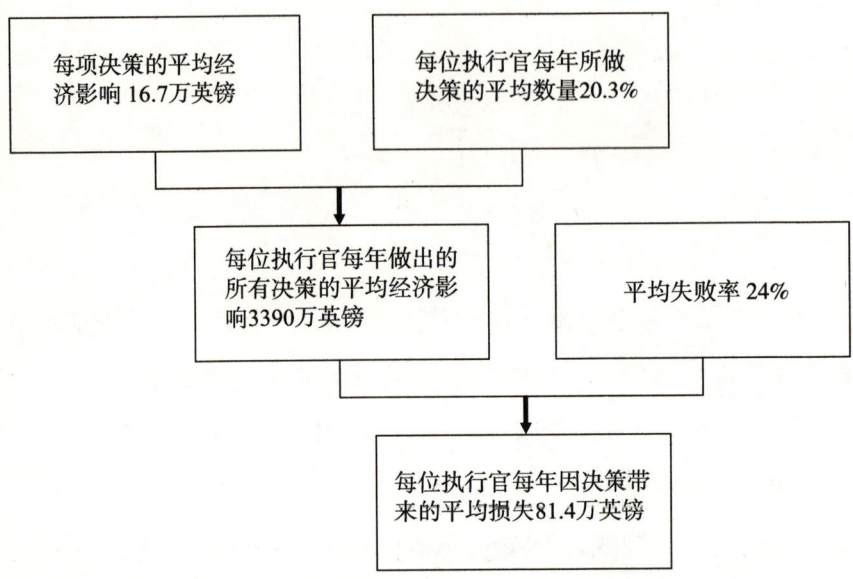

- 第Ⅰ部分是关于决策方法的介绍。在这个部分我们首先界定出了与决策有关的问题，说明怎样发现这些问题，还讨论了怎样理性地解决问题。第一部分还解释了什么是决策程序并界定出了四种类型的决策程序。
- 在第Ⅱ部分中我们引入了解决复杂决策问题的程序。在介绍了整个程序的概览之后，详细说明每个步骤的做法。第Ⅱ部分以一个有着广泛借鉴作用的、能够说明怎样运用这些程序的案例作为结尾。
- 第Ⅲ部分主要解决三个问题。第一是关于决策的顺序，第二是怎样判断在做一项具体的决策之前是否需要收集新的信息，或者该项决策是否可以依靠现有的信息资料来完成。最后要讲的

引 言

是集体决策，在这里我们仔细地讨论了集体决策的相关问题，并提出了相应的解决方法。

为了与本书的目的相吻合，本书全面论述了解决复杂的决策问题必须涉及的所有子问题。因此本书不仅像许多关于决策问题的教科书那样对不同的解决问题的方法进行了最终的评估，还强调了成功解决问题、分析问题、制定选择方案和确定选择结果所涉及的重要领域。因此，数学计算并不是最重要的因素。一个问题的复杂性在很大程度上来自于一开始就出现的结构不透明，而数学的方法则需要在结构清晰的情况下才能使用。因此，这样的方法只能用于在有了明确的结构，也就是在克服了许多复杂的问题之后才能使用。

本书主要是为企业、非赢利组织和政府机构的决策者而写的，其目的是为他们提供实用可行的解决复杂问题的工具。本书以一种系统的和有效的方式为学习解决复杂的决策问题的学生提供了基础，所以本书还适合于用作大学和高级管理课程有关决策方法的教科书。

作为一部有效、实用的工具书，本书很看重如何解决复杂的问题，因而并没有将困难简单化，或用轻松的风格表现这些问题。因此要完全理解本书有时并不容易，为了使本书的学习变得容易些，我们采取了以下方式：

- 每个部分的开始都有一个简短的介绍，为读者说明主要内容和本部分的概要。
- 对首次出现的专业术语都做了解释，再次使用时基本上是同义的。另外，在提到其他作者的成果时，我们仍然使用本书的术

引 言

语，即使这些作者所用的是不同的术语。最重要的术语都列在了词汇表中。

- 采用了大量的图表来对文字进行辅助说明。
- 为了便于读者理解，书中使用了大量的例子。第 10 章说明了第 II 部分中所提出的解决问题的程序在实际中的运用，说明我们所采用方法的可取之处。
- 最后我们将那些有趣的，但对所推荐的方法体系的理解不是绝对必要的部分从正文中脱离开。这些内容作为插页，有兴趣的读者可以将它们作为资料阅读。

作者希望，尽管本书研究的对象具有挑战性，但是通过这样的处理将会有助于读者对本书的理解，并证明书中提出的措施是真正实用的。

第Ⅰ部分 决策问题和决策制定的程序

第Ⅰ部分　决策问题和决策制定的程序

第一部分的内容是介绍决策制定的方法。读完第一部分之后你将能够了解以下问题：

- 什么是决策问题，决策问题有哪些类型？
- 什么是目标系统和问题搜寻系统？它们对解决决策问题有哪些作用？
- 理性的决策有哪些特征？
- 决策的程序是怎样的，有哪些类型的决策程序？

第一部分包括四章：

- 第1章介绍决策中的问题。首先界定了什么是决策问题，接下来提供了各种不同决策问题的概要，然后是解决这些问题的五个基本方法，并说明为什么重点介绍系统的、理性的方法。
- 第2章主要讨论目标系统和问题搜寻系统。首先解释了为什么这些系统对于发现决策问题是很重要的。接下来介绍各种目标和目标系统的具体内容。最后讨论问题搜寻系统以及这类系统的各种类型。在这里我们给出一些例子加以说明。
- 第3章讨论理性决策的特点。这个部分的基础是决策的过程顺序。接下来说明的是制定一项合理的决策所需要具备的条件。本章的最后讨论了管理科学能够提供的帮助管理者做出合理决策的研究成果。
- 在第4章，也是第Ⅰ部分的最后一章中，我们讨论了决策的程序。首先阐明什么是决策的程序，然后讨论了各种不同类型的决策程序，并用实例进行说明。

第1章 决策问题

§1.1 决策问题定义

天堂里是没有决策问题的！天堂里的生活是幸福快乐的，但是生活没有目标。决策只有在被我们称作"操作者"（actor）的能够使用决策方法的个人或群体产生了想要达到某种理想状态的意识时，决策问题才会出现。这种状态往往与目前的情况不同，或在将来会有所不同。操作者因此必须行动起来，他们必须将目前的状况与目标状况之间的差距变得最小。(Sanders, 1999, p. 7 ff.)

然而，目前状态与目标状态之间的矛盾本身不会产生决策问题。决策问题只有当两种状态之间的矛盾可以用不同的方法来解决时才会产生。因此操作者面临着设计和评价各种不同的行动方案的问题。虽然常常会发生这样的情况：在第一次检查时，只有一种可能的行动方案被界定出来，用以说明目前状态与目标状态之间的矛盾。但是，在几乎所有的情况下都存在着不止一个选择，因此最好不要满足于最初界定的行动方案，而要系统地审视各种选择，选出其中最好的那个，这样解决问题方法的质量就会大大提高。

也就是说，决策问题有着以下特点：
- 目前状态与目标状态之间存在着矛盾
- 要实现目标至少有两种选择方案

§1.2 决策问题的类型

在区分不同类型的决策问题时可以采用各种不同的标准（Rühli, 1988, p. 186 ff.）。我们只讨论在本书中将要出现的标准及其特点。

图表 1.1 说明了最重要的维度和特点。

图表 1.1 决策问题的不同维度（dimension）及其相关的特征

维　度	特　征	
(1) 问题的难度	简单	复杂
(2) 问题的结构	结构合理	结构不合理
(3) 问题的特征 I	选择问题	设计问题
(4) 问题的特征 II	威胁性问题	机遇性问题
(5) 与其他决策问题的联系	独立的决策问题	处于一系列决策中的问题
(6) 问题的等级	始发的问题	过程中的问题，如信息收集问题
(7) 操作者的类型	单个决策者	集体决策者
(8) 所追求的目标数量	一个	多个
(9) 预测结果的能力	确定地预测结果	拥有可能性的不同结果	没有可能性的不同结果

根据问题的难度（维度 1）在简单的决策问题和复杂的决策问

第1章 决策问题

题之间找出差距。根据作者的理解，如果下面的两个或两个以上的条件得到满足，那么一个复杂的决策问题就会出现：

- 操作者同时追求几个目标。这些目标并没有得到清晰的界定，甚至目标之间还相互矛盾。正如莫里厄（Morieux，2011，p. 78）揭示的，1955年，首席执行官一般追求四到五个目标，2010年，他们同时追求二十五到四十个目标。

- 存在大量的决策变量（decision variables），减少了目标状态和现实状态之间的距离。这些变量中的一部分拥有许多可能出现的特征。这两个因素导致了大量可能的选择方案。正如第7章中将要阐述的，这并不意味着操作者必须制定或评估大量的选择方案，只需要制定少量的决策，而这些少量的选择应该是清晰的、各有差异的，这样才可以拥有选择的空间。

- 关于未来发展的几个环境变量不明确。这意味着操作者必须在可能出现的几个环境假设（environmental scenarios）的基础上评估解决问题的选择方案。

- 操作者的经验非常有限，或者操作者所拥有的确定解决问题方案的模型不够。这个条件部分是因为其他三个条件引起的，但不是全部原因。

图表1.2总结了产生复杂决策问题的原因。决策问题的难度随着每一个增加的原因呈指数增长。作者认为，当两个或两个以上的条件同时具备时就会产生复杂的决策问题。如果没有或者只有一个条件，就属于简单的决策问题。

正如题目所示，本书主要讨论复杂的决策问题，现在用一个实例来说明。意大利的一个家用电器控制器制造商面临着一个问题：一

第Ⅰ部分 决策问题和决策制定的程序

图表1.2 复杂决策问题产生的原因

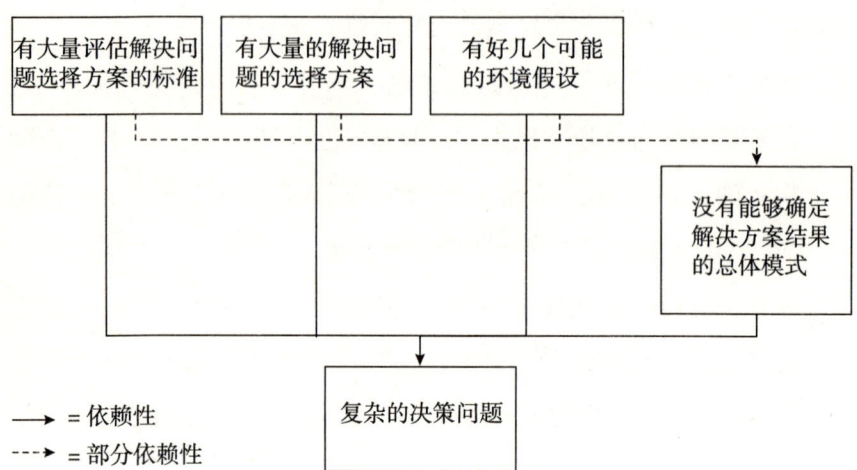

个重要的德国客户正在中国建立一家工厂,这个工厂可以满足中国不断增长的市场需求。然而中国以外的市场供应并没有排除在外。对于供应商来讲,可以有好几种选择:在意大利本土以外供应在中国开工厂的德国客户;在意大利产生控制器零部件,比如处理器、显示器和电线等,然后在中国组装;还可以在中国生产零部件,或者在中国购买零部件;建立一个自己的工厂,建立一个合资工厂或是通过合同制造商都可以在中国生产或组装产品。在这样的不确定当中,必须选择最好的方案:客户在中国是否取得成功?它在中国的工厂是否也供应其他市场?是否还有其他潜在的针对中国主要客户的供应商?他们的质量和价格怎样?我们是否能够通过较低的成本在中国之外建立起新的客户关系?关于这个问题的决策应该在一系列相关问题的基础上做出:除了必要的投资,能够取得的效益是非常重要的。然而,控制器的质量以及技术的传递并保证在中国工

第1章　决策问题

厂的成功管理等都是必须考虑的相关风险。无数与决策问题相关的因素并不意味着操作者可以丢开定量模式（quantitative model）去衡量选择的结果。

将决策问题划分为结构合理的决策与结构不合理的决策（维度2）两种类型的理论由西蒙（Simon）和纽维尔（Newell）（1958, p.4 f.）提出。当一个决策问题的解决方法可以根据解析式决策程序（analytical decision making process，也称分析式决策程序）找到时，其结构就是合理的。如果与这种情况不符，那就被认为是结构不合理的。关于结构合理与不合理这个问题在这里不可能进一步细分，因为相关的概念到现在还没有被介绍进来，我们将在插页4.1中具体说明这个问题。

关于选择型问题（choice problem）和设计型问题（design problem）的区分（维度3）是由西蒙（Simon, 1966, p.1 ff.）提出来的。选择型问题指的是一开始就清楚的选择方案。例如，如果有三家潜在的专用机械的供应商，操作者就有三种选择。在这三个供应商中，决策者必须选择最好的一个。与此形成对照的是，如果要建立一个新的公司总部，情况就大不一样了，即使地点已经被确定下来，但对于大楼的结构和平面设计可以有无数种可能性。只能将整个问题分解为若干个并列的和连贯的子问题，新总部的建造才能一步一步地计划妥当。

依据维度（1）和维度（3）区分出来的决策问题是相互关联的。简单的决策问题往往都是选择型问题并且通常满足结构合理的决策问题所具备的条件。复杂的决策问题则总是一些设计型问题并且往往是结构不合理的。图表1.3说明了这些联系。

第Ⅰ部分 决策问题和决策制定的程序

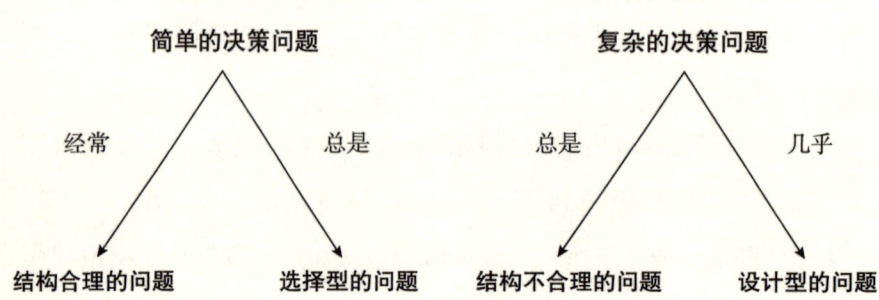

图表1.3 维度（1）、（2）和（3）之间的联系

当我们用业外人士的语言来谈论决策问题时，我们通常认为决策就是战胜某种危险。根据维度（4），就是克服有威胁的困难。但是在本书中，"问题"这个术语应该以一种中立的方式理解为目前情况与未来的目标之间的差异。这就是说，不仅存在威胁的问题，还存在机遇的问题。复杂的决策问题常常包含着这两种类型的子问题，因此从现实的角度来说，不要把自己局限在避免威胁的问题上是十分重要的。

根据维度（5），必须严格区分出可以独立解决的问题和需要按决策程序解决的问题。所谓独立的问题是指那种操作者可以在一系列选择当中确定出一个选择方案的情况，并且这些选择方案将会产生的结果基本上是没有疑问的。相反，如果一个或几个选择不仅有多个结果，而且还导致必须做进一步的决策时就会产生决策顺序的问题。在本书的第Ⅱ部分，我们将专门讨论复杂的、独立的决策问题。关于决策的顺序问题将在第Ⅲ部分的第11章中讨论。

根据维度（6），我们还可以区分出两种不同层次的问题：原发的决策问题（original decision problem）和过程中的决策问题（meta-level problems），第Ⅱ部分只讨论始发的决策问题。然后在

第1章 决策问题

第Ⅲ部的第12章讨论决策过程中的一个重要内容：信息搜集。

根据制定决策者的类型区分出个人决策和集体决策（维度7）。当然个人决策也不排除有其他人员的参与，特别是在决策的分析、制定阶段和对选择方案的评估等方面。集体决策只有当几个人共同为将要实施的决策负责时才会发生。在本书的第Ⅱ部分，我们假设决策者是一个人，而集体决策在第Ⅲ部分的第3章中讨论。

如果操作者只追求一个目标，根据维度（8），他必须依照自己的目标评价自己的选择，这时他所解决的是一个单价决策问题（univalent decision problem）。有时操作者追求一个以上的目标，但这些目标互相之间存在着数学计算方面的联系，这种情况也叫做单价决策。例如在产品的净销售额和可变成本上就是这样，其边际贡献（contribution margin，也称利润总额）可以很容易地计算出来。但是在更多的决策实践中，必须考虑一系列的、在数学计算上互不相关的目标，这种情况叫做多价决策（polyvalent decision）。

根据维度（9），每一项决策的效果或结果都有可能预测出来，而这种预测的准确性有大有小。能够准确预测到结果的决策是绝无仅有的，决策结果的不确定更是一种常态。有时可以将未来情况发生的概率分配到这些结果中，这类决策叫做风险决策（risk decision）。然而很多时候决策者信息有限，因而不可能预测到未来情况发生的概率。这种情况属于不确定状态下的决策。

在维度（8）和维度（9）的基础上，我们区分出了六种类型的决策问题，用图表1.4表示。

图表1.4 维度（8）和（9）的结合

维度（9） \ 维度（8）	单价决策问题	多价决策问题
确定的决策问题	单价和确定的决策问题	多价和确定的决策问题
有风险的决策问题	单价和有风险的决策问题	多价和有风险的决策问题
不确定的决策问题	单价和不确定的决策问题	多价和不确定的决策问题

§1.3 解决决策问题的方法

正如在§1.1中所说，当通过各种不同的行动方案减少目前状态与目标状态之间的矛盾时决策问题就出现了。我们可以通过许多不同的方法来确定应该采取哪一种行动方案，决策可以依据以下几点来实现：
- 完全根据直觉来选择一个解决问题的方案。
- 按照以往的日常程序进行。
- 完全采纳专家的建议。
- 随机挑选。
- 在系统、理性程序的基础上进行决策。

以上几个方法都在实际工作中发生过，对于企业管理研究者来说，它们在描述和解释企业决策时都是有益处的，被称为描述性决策理论（descriptive decision theory）（Gäfgen, 1974, p. 50 ff.）。本书旨在对改进实际工作中的决策制定提出建议,而不是只注重对以往决策过程的描述,因此主要是对规范性决策理论(prescriptive decision theory)进行阐述。(Gäfgen,1974,p. 50 ff.)

插页 1.1 区分了规范性决策理论和描述性决策理论并说明两种决策方法所依照的是共同的理论基础。

插页1.1 描述性决策理论、规范性决策理论和决策逻辑

提到决策逻辑,我们可以说,理性选择的模式可以在不考虑现实问题的情况下制定出来。这些模式只是对于假设条件的思考过程和逻辑推导,其结论是完全符合逻辑的。如果逻辑的标准被严格遵守,就绝对可以肯定根据已有的原则推导出来的新建议是正确的。(Gäfgen,1974,p. 50 f.)

我们可以利用这种模式使已有的假设,也就是本书提到的理性选择的假设更加清晰。从逻辑学的观点来看,这些假设的含义本身就是清晰的。但是对于科学家来讲,它们在心理上总被认为是新东西,当他/她了解了某种假设的全部含义后总会放弃这种假设,这一点有时的确令人惊讶。决策的模式说明了个体的理性行为是怎么样的,还说明在日常工作中理性与非理性的行为会在什么情况下发生。(Gäfgen,1974,p. 1 f.)

个体的理性行为是怎样的,这个问题并没有仅仅在逻辑决

策结果的基础上显示出来。决策逻辑还可以用作开发经验式决策方法的基础,在这个基础上做出的决策是理性的。在这种情况下,我们可以谈论描述性决策理论或解释性决策理论(explicative decision theory)。(Gäfgen,1974,p.52)

决策逻辑还可以用于制定规范性决策模式的基础。其中包含理性决策的注意事项并且可以归类为规范性决策理论的一种。(Gäfgen,1974,p.52)

毫无疑问,决策逻辑代表了规范性决策方法的重要基础,同时必须强调,它并不是唯一的基础。为了开发出实用的决策程序,操作者必须具有相当的决策问题的能力以及操作程序方面的实践经验。描述性决策理论还为制定规范性决策模式提供了重要的依据。

图表 1.5 说明了决策研究中的不同类型及其依附关系。

图表 1.5　决策研究中的不同类型及其依存关系

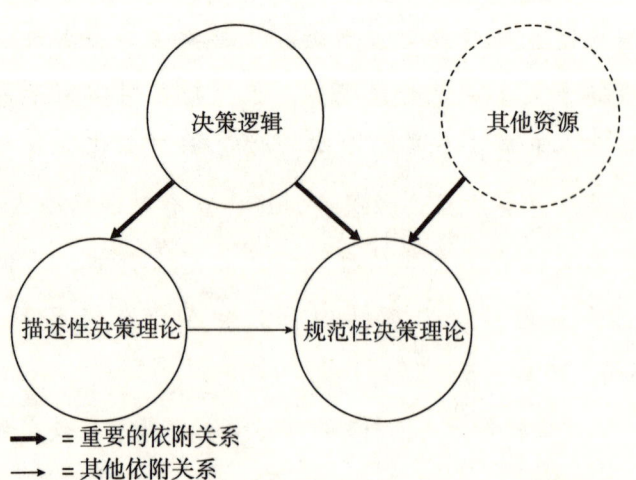

第1章 决策问题

> 本书专门集中讨论规范性决策理论。一种理论通常被认为是对某个实际问题的解释，但规范性决策理论更多的是对行动的建议而不是解释，因此"理论"这个词放在这里也许并不是非常理想的，把它叫做"决策方法"似乎更为合适。

规范性决策方法集中对系统的、理性的决策进行阐述。这并不是说作者认为执行者的直觉和经验与决策方法毫无关系。即使是按照理性的程序来制定决策，某些方面信息的不完整特别是当对所要采取的行动所产生的效果缺乏把握时，决策者都不得不依靠以往的经验和直觉。正如现实中常常发生的那样，如果决策往往是在面对压力的情况下做出的，依据经验和直觉的判断来弥补信息的不足就显得更加重要。有时将纯粹依靠直觉产生的解决方法整合到决策制定的程序当中并将它们与按照系统的决策方法得到的结果进行比较是非常明智的做法。这样可以在更加广阔的基础上寻求解决办法。理性的行为和靠直觉与经验产生的行为不会发生对立，相反它们是互为补充的。(Robbins/De Cenzo/Coulter, 2011, p. 92 f.)

第 2 章　作为发现决策问题必备条件的目标和问题搜寻系统

§2.1　目标和问题搜寻系统在发现决策问题中的作用

目标（goals）和问题搜寻系统（problem-finding systems）对于发现决策问题都是非常重要的必备条件，但是他们的功能各不相同，本章所要阐述的就是这个问题。

只有当操作者至少对于所期待的环境状况模糊不清时才会出现决策问题。如果目标环境与现实中的环境或发展中的环境之间出现差异，而这种差异大到足以使操作者不得不采取措施时，问题就产生了。如果在处理这些差异时存在一个以上的出发点或可能性，就可以视为发生了决策问题。

在管理科学中，可以察觉到的目标状况（target situation）被称为目标。一般情况下公司都拥有好几个目标，有些是公司的总目标，有些是各个职能部门的目标，如采购、生产和市场营销等。这些不同的目标结合起来形成了企业的目标系统，而目标系统又是发现决策问题的必备条件。

第2章 作为发现决策问题必备条件的目标和问题搜寻系统

目前环境与目标环境之间的矛盾可能随时被发现。例如生产部经理在对本部门进行例行检查时可能会注意到某些机器运转不够正常；产品部经理可能了解到顾客对某个产品质量的投诉特别多，如此等等。训练有素的管理者和有经验的管理者通常都能够以"特别的"方式发现很多基本的问题。但所存在的风险是，并非所有的基本问题都可以被偶然发现，有些问题因为没有即时被发现而无法采取有效地防备措施。为了减少这种风险，很多企业采用问题搜寻系统使问题得以系统地被发现并在早期将它们界定出来。营业额和成本预算就是使用问题搜寻系统的最简单的例子：预算的数字可以定期监控以确定营业额是否达到预期的目标，成本可以控制在事先界定的范围之内。

与目标系统不同，问题搜寻系统并不是后来的问题搜寻所需要的先决条件。然而，从实际情况来看，它们却是早期判断是否存在决策问题并可靠地界定出决策问题的重要工具。

§2.2 目标系统

目标是一种操作者必须保持或努力达到的理想状态（Heinen, 1976, p. 45）。一个公司需要保持或需要努力达到的目标状况往往包含着一系列的目标，也就是说，这是一个目标系统（goal system）。目标系统的元素一般都是不精确的，并且这个系统通常是相互不一致的。相反，公司的预期目标状况在某些次领域（sub-areas）中是分散的，甚至是相互矛盾的。因此必须接受这样的现实，而不是通过简化假设的方式将它们之间的矛盾消除掉。唯一有效的建议就是面对现实，这也是本书的宗旨。当我们在接下来的篇幅中指出界定目标系统的关键问题时，我们并没有用简单的陈述来取代相当模糊的现实，原因就是为能够更加精确地表达复杂的现象提供基础。

从现实的角度来讲，有三个标准对于界定一个目标系统尤为重要：

（1）依据重要性的标准，主要目标和附加的目标可以在目标系统中区分出来。（Heinen, 1976, p. 107 ff.）

（2）绩效目标、经济目标和社会目标可以根据内容的标准区分出来。（Stelling, 2005, p. 7 f.；Wöhe, 1996, p. 124 ff.）

（3）最后，根据所希望达到的目标的程度，可以区分出最佳目标和令人满意的目标。（Thommen, 2002, p. 114 f.；Stelling, 2005, p. 7f.）

如需要进一步了解，读者可参考海因（Heinen）（1976, p. 89 ff.）和斯特林（Stelling）。（2005, p. 8 f.）

以上三个标准在建立目标系统时同时使用。图表2.1展示了一个目标系统的例子，其中的主要目标是对资产回报最大化，另外还有一系列附加的目标。根据经验（Buzzell/Gale, 1989, p. 89 ff.），高于平均水平的产品质量会带来高于平均水平的利润收益，而附加的目标都会对资产的回报带来负面影响。同时，如果与重要的伙伴合作将会减少风险，避免困难。

- 仅仅在核心行业和有着很强的资产基础的领域中扩大业务，这两项限制都可以减少风险。
- 社会和生态目标促进了企业与员工、企业与环境保护机构和公众权利机构之间的良好关系。

图表 2.1　目标系统的例子

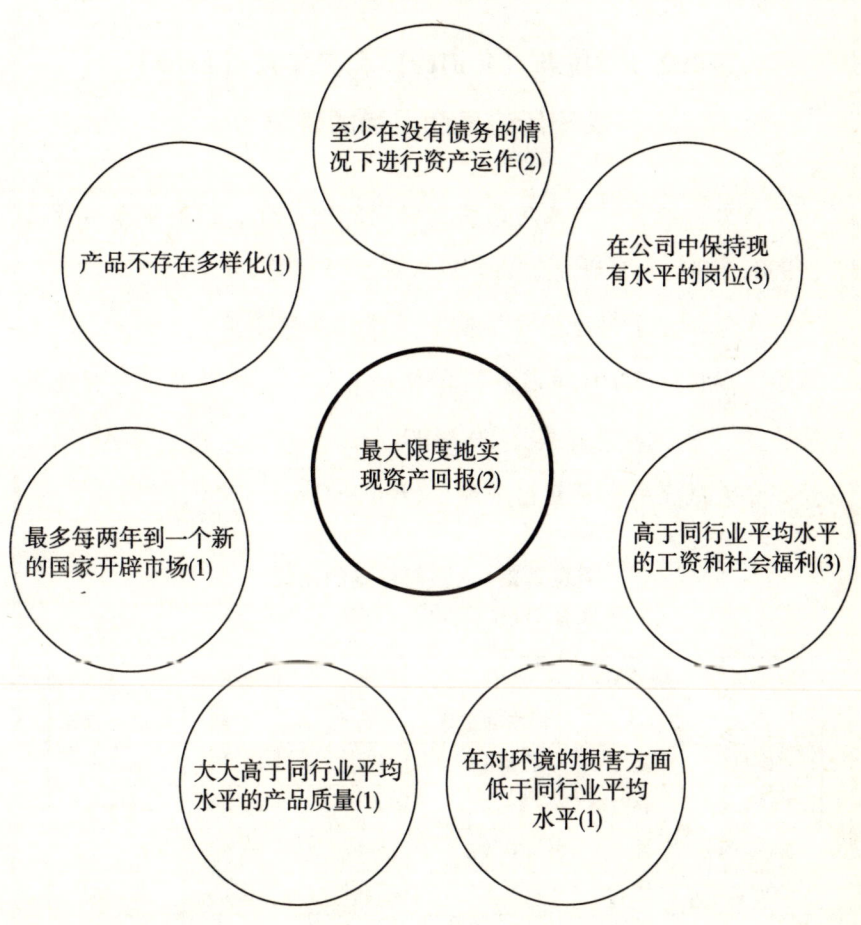

◯ = 需要最大限度实现的主要目标
◯ = 需要满足的其他目标
(1)= 绩效目标
(2)= 经济目标
(3)= 社会目标

关于目标问题的经验研究主要考察在现实中努力追寻的目标。插页2.1展示了这个研究成果。

> ## 插页2.1 拉菲（Raffée）和弗里茨（Fritz）关于所追寻的目标的研究
>
> 作为公司管理和成功的实证研究的一部分，拉菲和弗里茨（1990, p. 11 ff.）研究了公司追求的目标问题。
>
> 他们调查了德国不同规模和不同行业的企业。如图表2.2所示，144个可分析的调查问卷很好地反映了员工人数与行业的关系。就公司的规模来讲，100人以下的公司的问卷不足，而500人以上的问卷超出限额。（Raffée/Fritz, 1990, p. 9 ff.）
>
> **图表2.2 人数与样本的比较**
> （选自 Raffée/Fritz, 1990, p. 10）
>
> | 规模分配 | | | 行业分配 | | |
> |---|---|---|---|---|---|
> | 员工 | 人数 | 样本回应率 | 行业 | 人数 | 样本回应率 |
> | 50—99 | 44.6% | 18.8% | 原料加工业 | 13.7% | 18.8% |
> | 100—499 | 45.1% | 45.8% | 资本货物业 | 45.6% | 45.8% |
> | 500—999 | 5.7% | 26.4% | 消费品业 | 30.6% | 26.4% |
> | 1000以上 | 4.6% | 9.0% | 食品和饮料业 | 10.1% | 9.0% |
> | 共计 | 100% | 100% | 共计 | 100% | 100% |
>
> 回答者必须在1到7的个刻度中指明24个目标的重要程度。图表2.3显示了问卷的算数平均数并对回答者的目标系统进行了深入了解。

第 2 章 作为发现决策问题必备条件的目标和问题搜寻系统

图表 2.3　有效追求的目标

（选自 Raffée/Fritz, 1990, p. 15）

被提及的目标	$\bar{x}$
客户满意度	6.12
保证公司的生存	6.08
竞争优势	6.00
产品质量	5.89
长期利润	5.80
总体利润	5.74
成本节约	5.73
足够的资产折现力	5.64
顾客忠诚度	5.64
生产能力的利用	5.57
总资产的收益率	5.56
增加产量	5.54
财政自主	5.54
员工满意度	5.42
营业额	5.24
保持并创造就业机会	5.20
公司的发展壮大	5.05
市场份额	4.92
环境保护	4.87
社会责任	4.86
在公众中的声望	4.61
短期利润	4.48
在市场中的影响力	4.46
顾客服务	4.14

$\bar{x}$ = 基于　1 = 不重要到　7 = 最重要的调查回应的算数平均数

正如数字所显示的，关于利润的产生这个项目出现了三次，如"总体利润"、"长期利润"和"短期利润"。在此基础上作出的补充分析显示，在"总体利润"和"长期利润"之间存在很高的相互关联系数，达到 0.710，而"总体利润"和"短期利润"之间的相互关联系数只有 0.274。这就意味着大多数公司把长期的愿景当做产生利润的目标。（Raffée/Fritz, 1990, p. 16 ff.）

§2.3　问题搜寻系统

为了能够早期发现和系统地监控问题，企业都采用了问题搜寻系统。根据库恩和沃利瑟（Kühn & Walliser, 1978, p. 227 ff.）的问题搜寻系统，可以解释为：
- 公司信息系统的子系统。
- 收集、处理和储存信息。
- 在众多的任务中发现决策中的问题或者是专门发现决策问题。

每个企业都拥有一个法律所要求的职能——财务核算（financial accounting）。除了填写财务文件的用途之外，它还可以用作问题搜寻的工具。但是作为问题搜寻系统，财务核算在提供信息、对信息进行必要的分析和采取决策行动方面过于迟缓。由于这个缘故，除了必须的财务核算，大多数公司还设立了和采用了专门的问题搜寻系统。

共有两种类型的问题搜寻系统（Kühn & Walliser, 1978, p. 229）：
- 使用目标指数（goal indicators）的基于财务核算的问题搜寻系统。这些指数可以是全程变量（global variables），比如资产回

第 2 章　作为发现决策问题必备条件的目标和问题搜寻系统

报，也可以是差别指数（differentiated variables），比如包括所有国家或每个国家产品群的营业额。

- 使用基于因果指数（cause indicators）的早期预警系统（early-warning system）。所谓因果指数就是对目标指数产生因果关系的变量，因此能够更早地发现问题。为了说明这一点，插页 2.2 提供了帕瑞菲特（Parfitt）和（Collins）柯林斯，（1968, p.131 ff.）提出的早期预警指数。帕瑞菲特—柯林斯的指数能够监控公司产品在市场上的地位，并揭示在营业额开始下滑之前公司产品存在的相关问题。

插页 2.2　帕瑞菲特和柯林斯的早期预警系统

市场份额的大小是计划和监控消费品市场地位的重要尺度。帕瑞菲特和柯林斯提出这个早期预警系统是为了能够预测市场份额的变化并且在市场份额下降的情况下能够尽早地采取对应措施。这个指标是建立在四个定量数据上的：

$$a\text{ 产品的定量市场份额} = \frac{\text{产品 } a \text{ 的销售量}}{\text{在 A 类产品中所有产品的销售量}}$$

$$a\text{ 产品的累计畅销量} = \frac{\text{至少购买过一次产品 } a \text{ 的消费者数量}}{\text{A 类产品的消费者数量}}$$

$$a\text{ 产品的重复购买率} = \frac{\varnothing \text{ 产品 } a \text{ 的顾客购买量}}{\varnothing \text{ 购买 A 类产品的顾客购买量}}$$

$$a\text{ 产品的购买率} = \frac{\varnothing \text{ 每一次购买行为中产品 } a \text{ 的数量}}{\varnothing \text{ 每一次购买行为中 A 类产品的数量}}$$

所有的指数都与一定的时间 t 有关，比如一个月或一个季度。

这四个指数相互之间在计算上存在下面的关系：

a 产品的定量市场份额

$$= \frac{\text{a 的畅销度} \cdot \text{a 的重复购买率} \cdot \text{的购买强度}}{100}$$

这就是说，如果指数值是根据经验来确定的，那么结果就会是有效的。（Kühn & Walliser，1978，p. 237 ff.；Parfitt & Collins，1968，p. 131 ff.）

早期预警系统的功能可以用一个例子来加以说明。图表2.4 展示的是爱诺瓦（Inova）有限公司一个产品群 a 目前的市场份额和目标市场份额之间的比较。除了显示这两个市场份额的比较结果，该图表还显示了帕瑞菲特与柯林斯的三个特别的问题指数。目标市场份额与目前市场份额的比较并没有对全部四个季度的情况引起关注。实际情况是，购买率从从第二个季度开始下滑，这说明出现了顾客满意度下降的问题。这个问题到目前为止还没有对营业额产生负面的影响，因为第 2、第 3 和第 4 季度的广告宣传吸引了新的顾客并增加了市场畅销度。但是当广告宣传活动结束之后，畅销度很可能会回到原来的 40%。即使重复购买率和购买率指数分别保持在以前的 30% 和 0.63，下一个季度的市场份额也会下降到 7.56%。由此可见，帕瑞菲特与柯林斯所制定的指数系统能够在市场份额受到影响之前或者在问题变得比较严重之前就使产品在市场地位中的问题显露出来。（Grünig，2002，p. 34 f.；Kühn/Walliser，1978，p. 237 ff.）

第2章 作为发现决策问题必备条件的目标和问题搜寻系统

图表2.4 帕瑞菲特与柯林斯关于爱诺瓦有限公司产品群 a 的四个指标

（摘自 Grünig, 2002, p. 36；Kühn & Walliser, 1978, p. 239）

季度	1	2	3	4
目标中的单位市场份额	10%	10%	10%	10%
目前的单位市场份额	9.83%	9.86%	9.88%	9.83%
目前产品畅销度	40%	44%	49%	52%
目前产品重复购买率	39%	35%	32%	30%
目前产品购买率	0.63	0.64	0.63	0.63

图表2.5 展示了基于计算的问题搜寻系统和早期预警系统的优点和缺点：

图表2.5 各种不同的问题搜寻系统和问题指数的优点和缺点

（摘自 Kühn & Walliser, 1978, p. 231）

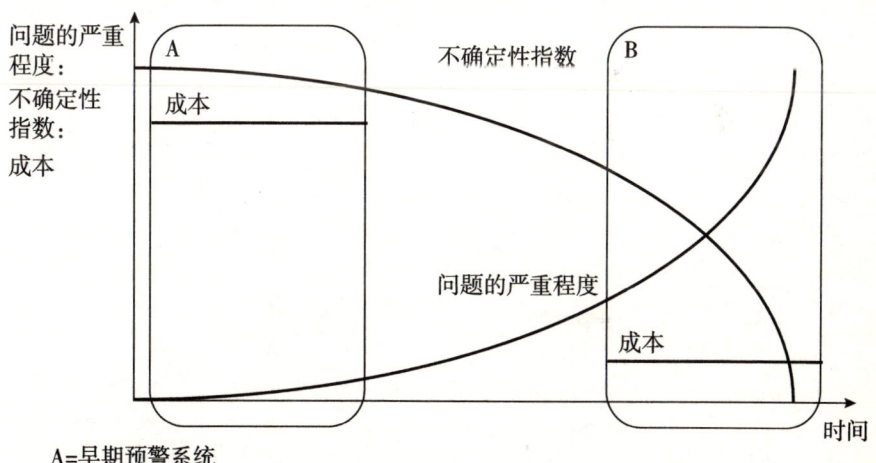

A=早期预警系统
B=基于财务核算的问题搜寻系统

- 早期预警系统很早就会起作用并且在问题还没有进一步深化之

前就将它们暴露出来，为操作者处理问题并采取相应的解决办法赢得了宝贵的时间。相反，基于财务核算的问题搜寻系统的反应缓慢，因此操作者在遇到问题想要采取有效措施时已经为时太晚。

- 早期预警系统有可能会出现虚假的警报，而为分析和解决这些现虚假的警报往往产生不必要的投入。如果操作者没有注意到所指示出的问题并不存在，那么错误的警报将会导致不必要的和无效的对策，而采用基于财务核算的问题搜寻系统就会避免这些问题。当基于财务核算的问题搜寻系统发挥作用时，很可能就会出现真正的决策问题。
- 为了获得信息，早期预警系统通常会产生大量的费用，而以财务核算为基础的问题搜寻系统则可以在很大程度上依赖现有的信息。

第 3 章　理性的决策

§3.1　决策程序的事件排序

在实际工作中，寻找解决决策问题的方法常常是很耗费时间的，因为在发现问题和选择最佳的行动之间要进行大量的思考。抓住问题的要害、找到有意义的解决办法并确定做出什么样的选择都需要很多的时间。因此应该将决策过程看做是一个思考的过程，将理性的决定看做是理性的决策程序的结果。因此，要想了解理性决策的特征，我们首先需要说明决策程序是怎样起作用的。

下面这个例子说明了决策过程中的顺序。莫尔达西尼先生是瑞士一家叫做奥托蒂奇（Autotech）的生产汽车金属部件的有限公司的领导人。除了管理将近 100 名员工和做生产计划之外，他还负责工厂的运转和维护。金属车间有一些车床、铣床和钻孔机，生产车间也有磨光金属部件和防腐蚀的电镀设备。

一个周一的下午 4 点 15 分，也就是离结束一天工作的时间还差一刻钟，莫尔达西尼先生被叫到车床部。他看到五台车床中的一台正在起火！当他到达时，该部门的工头杰克已经成功地用灭火器将车床电动机上的火扑灭了。过了一个小时，车床已经完全冷却下来，

第 I 部分　决策问题和决策制定的程序

莫尔达西尼和杰克开始检查车床的受损程度。发动机上的火已使车床的部件变了形。两人当即认为该车床已无法再产生出所要求的零部件，其价值也因此被贬为一堆废铁。

由于车床部的所有机器一直都是100%的投入工作，莫尔达西尼先生下令从星期三开始按新的工作时间表运行。杰克必须在星期二就确保剩余车床中的一架要从星期三早上5点工作到7点；下午4点30工作到9点。除此而外，车床部的职工必要时必须在星期六上午加班。

星期二上午，莫尔达西尼先生向总经理康普夫先生汇报了这次事故以及所采取的措施。两人一致认为这台损坏的车床必须被替换下来。康普夫还认为有可能用半自动化和自动化的机器替换这台已经损坏的手工操作的车床。康普夫给了莫尔达西尼一个任务，要他提出其他的选择并对这些选择进行评估。他期待着能够尽早得到一个全方位的解决方案。

莫尔达西尼先生立即开始了这项工作，他首先对新车床的基本条件进行了界定：

- 最近几年，车床部的五台机器已经最大限度地被使用，在最后一年所生产的毛利润达177.65万瑞士法郎（相当于这五台手工操作的机器每天工作8.5个小时，共工作220天，每台车床每小时创造毛利润190瑞士法郎）。在与奥托蒂奇公司销售部经理凯斯勒先生的交谈中得知还可以获得更多的定单，大约每年增加60万瑞士法郎的毛利润。为了使公司不至于在价格上做出让步，定单需要在未来三年中逐渐增加。为安全起见，凯斯勒和莫尔达西尼决定将未来的定单定位在30万瑞士法郎的毛利润

第3章 理性的决策

上。他们还认为这种建立在悲观估计基础上的增加将会在三年内逐渐实现。基于这样的考虑，莫尔达西尼先生决定新车床的毛利润增长量最低为 36 万瑞士法郎，最高为 60 万瑞士法郎。于是他将这个经济能力值转换为技术容量需求。

- 关于机器的质量的精密度问题，莫尔达西尼认为没有理由改变原先的 1/100mm 的标准。
- 奥托蒂奇公司的政策是只购买和使用完全达到瑞士事故保险公司制定的安全标准的机器。
- 在与上司商量之后，莫尔达西尼先生最终决定在三个月内必须更换这台车床。让车床部的工人在长达三个多月的时间里在两班倒的体制下每周六加班是不合理的。

基于以上要求，莫尔达西尼与三个车床生产商和一位二手机器的经销商进行了联系。经销商没有能够完全满足以上四个条件的存货，因此把他从潜在的供应商中划掉。其他三个生产商的代表在一个星期之内专程访问了奥托蒂奇公司，考虑到这样的紧急情况，他们承诺在下个周末以前将书面报价单送来。

报价单如期而至。莫尔达西尼先生首先检查它们是否满足了他所制定的基本条件，发现的确如此。然后莫尔达西尼与财务部经理瓦尔蒂先生一起制定了一个表格，也就是图表 3.1。图中显示了使用的年限和每项选择的经济效果。从以前的供应商那里买入手工操作的车床是替换那台坏机器最好的选择。18 万瑞士法郎的投资由火灾保险公司支付。来自孔兹（Kunz）公司的半自动化车床与手工操作的车床有着相同的功能，因此作为一种理性的投资也是值得的。最后由辛茨（Hinz）公司提供的全自动车床成为了既显示出合理化的决策，又达到扩充资产目的的投资。

图表3.1 三项选择的使用年限和经济效益

选择	使用年限	包括安装在内的投资（瑞士法郎以千计算）	毛利润的年度差异（瑞士法郎以千计算）	人员费用的年度差异（瑞士法郎以千计算）	能源和保养费用的年度差异（瑞士法郎以千计算）
A：以前的供应商提供的手工车床	8	180	0	0	0
B：昆斯公司提供的半自动化车床	8	360	0	-40	0
C：辛茨公司提供的全自动化车床	6	1070	第1年：+100 第2年：+200 第3年+ff：+300	-60	+10

负价值 = 与A项选择相比节省成本
正价值 = 与A项选择相比增加收益或增加成本

从图表上看出，B项选择和C项选择的年度收益和花费还不完全清楚，但可以根据与A项选则的对比分清收益的增加和费用的增加与降低的情况，因此A项选择可以作为参考。

既然被损坏的车床无论如何都必须换掉，而这笔费用将由保险公司承担，A项选择对于莫尔达西尼先生来说是零选择，除非其他两项选择都不能证明比直接的替换在经济上更有优势。莫尔达西尼

第3章 理性的决策

先生评估了 B 项选择和 C 项选择的经济效益。他所采用的是奥托蒂奇公司一贯使用的对纯现值（net present values）进行计算的方法。图表 3.2 显示了计算结果。这里需要做以下几点说明：

- 纯现值是建立在 10% 的内部回报率基础上的，这不仅包括了资金投入的利润，还包括了风险附加费。
- 既然那台有缺陷的车床必须替换掉，而所需要的 18 万费用由保险公司承担，莫尔达西尼先生通过对这项费用的计算，减少了 B 项选择和 C 项选择的投资费用。
- 正如图表中所显示的，两种选择都可以产生正面的纯现值。C 项选择的纯现值比 B 项选择的纯现值高，不仅在绝对项（absolute term）上是这样，在投资资本（invested capital）上也是这样。

图表 3.2 B 项选择和 C 项选择的纯现值计算

选择	纯现值	在 0 年到 8 年中，与 A 项选择相比，B 项选择和 C 项选择收益/支出差异								
		0	1	2	3	4	5	6	7	8
B	+34	-180 -180	+40 +36	+40 +33	+40 +30	+40 +27	+40 +25	+40 +23	+40 +21	+40 +19
C	+369	-890 -890	+150 +136	+250 +207	+350 +263	+350 +239	+350 +217	+350 +197	-	-

上排数字 = 收益/支出差异（以 千为单位的瑞士法郎）
下排数字 = 收益/支出差异（以 千为单位的瑞士法郎）以 10% 的内部回报率折扣计算

在这个计算结果的基础上，莫尔达西尼建议总经理康普先生选择方案 C，康普采纳了他的建议。接下来，莫尔达西尼向辛茨公司

第Ⅰ部分 决策问题和决策制定的程序

发了定单，安排处理了那台旧机器，并请当地建筑工人给新的机器打地基和安装水电通道。他监督了安装，检查了工作的全部过程，正式接收了新的车床并核对了相关的货物清单。

在这个案例中我们描述了怎样处理一个具体的决策问题。现在我们要引入一个决策程序的完整模型，该模型告诉我们怎样在实际工作中将决策活动系统化。

在这个描述性的决策程序模型中，我们必须首先界定出决策者和决策环境：

- 当我们提到决策者时，我们所指的是一个或一组参与分析、评估和行动的人。在这个例子中，工长杰卡、公司销售部经理凯斯勒、财务部经理瓦尔蒂和总经理康普夫都部分参与了决策，而莫尔达西尼是实际的操作者。作为生产部的领导，他采取了紧急的措施、分析了问题、制定出了解决问题的几种选择方案并对这些方案进行了评估。他是实际上的决策者并组织了后来的实施工作。

- 决策环境包含了与决策相关的所有领域极其特点。通常包括公司的几个部门，相关的市场和与这些市场的发展有关系的环境因素。在某些决策活动中，决策者的性格和自身条件也可能成为决策环境的一个部分。当管理者在起草工作计划时将自己的能力和兴趣考虑进去时情况就尤为如此。在我们这个案例中，决策环境是车床部及其资源、运作和绩效。然而，车床部与公司其他部门，如销售部以及外部环境，如机器供应商的联系都是决策环境的一个部分。

除了区分操作者和决策环境之间的差异外，决策过程中具有代

第3章 理性的决策

- 表性的子任务也应该界定出来。
- 操作者不断地从决策环境中获得信息，有些信息就是关于环境本身的。大多数这样的信息在没有经过任何分析、判断和处理的情况下就被吸收进来了。然而，有时某些特殊的信息就可能会使决策程序付诸实施。当所获得的信息导致目前状况与操作者所期待的愿景产生本质的矛盾时，决策问题也就出来了。在车床突然失火的这个这个案例中，这个信息本身就导致了车床部期望的绩效与现有的两班倒工作制之间的巨大矛盾。
- 在发现了决策问题之后，通常接下来就应该对其进行分析。操作者在解决这些问题之前必须对它们有足够的了解。在上面这个案例中，问题比较简单，也很好描述，不过就是替换一台被损坏的机器。因此莫尔达西尼先生只需将注意力放在必须满足的基本条件上。分析的结果形成了制定选择方案的基础。莫尔达西尼先生与机器制造商联系，要求提供相应的产品，在做出决策之前，需要对各种选择进行评估。莫尔达西尼先生计算了B项选择和C项选择的纯现值。随后的分析以及选择的确定和评估不可能躲在一个小房间里完成，还需要与决策环境相互作用。这是操作者获得制定合理决策所必须的信息的唯一途径。在这个例子中，莫尔达西尼与销售部经理、财务部经理和各个潜在的供应商都进行了联系。
- 决策程序中的最后一步就是做出决策。对选择的分析、制定和评估做得越好，最终的决策就越容易得到。在这个例子中，莫尔达西尼和康普因为有了较高的纯现值作为依据，就不难确定将C项选择作为最后的目标。

- 当决策做出之后，就应该保证决策的实施。在这个例子中，莫尔达西尼既承担了订购新车床的任务，又承担了了协调安装新车床的工作。

图表3.3用图表的形式对此进行了总结，所得的到结果是一个决策程序的模型。

图表 3.3　决策程序的描述性模型

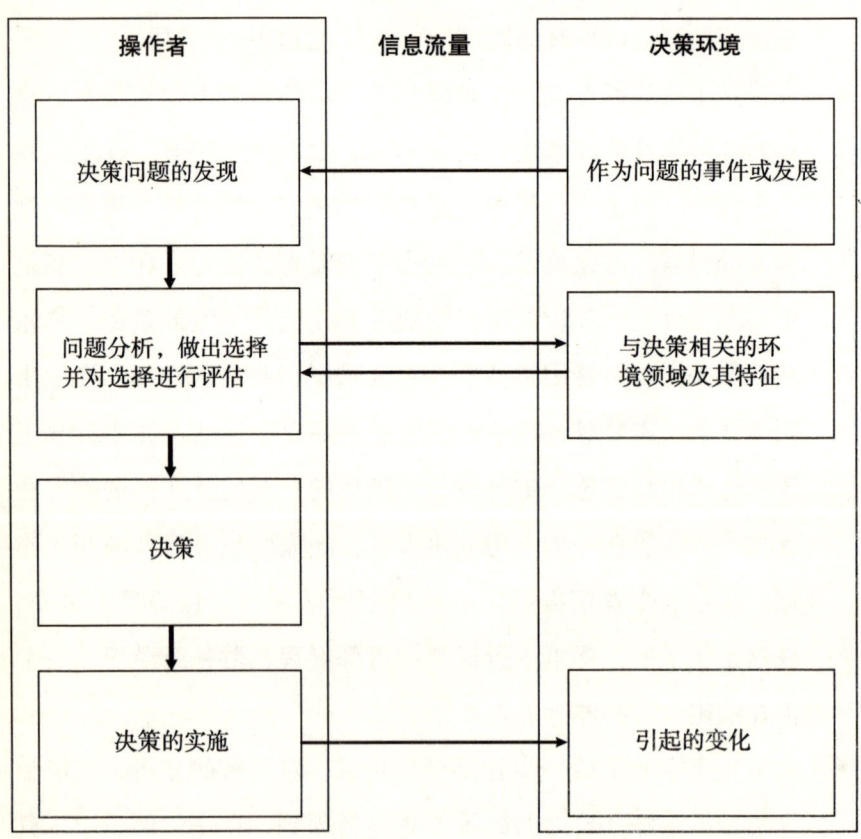

第 3 章　理性的决策

§3.2　理性决策程序的必要条件

在上面这个案例的基础上制定了决策程序的描述性模型之后，我们要讨论在什么情况下决策程序才算是合理的。

我们必须首先区分出形式理性（formal rationality）和实质理性（substantial rationality 或 content based rationality）的区别（Bamberg/Coenenberg, 2002, p. 3 f.; Brauchlin, 1990, p. 344 f.; Pfohl/Braun, 1981, p. 129 f.）：

- 就形式理性而言，决策目标本身并没有经过理性的审视，因此所谓理性仅仅指决策程序本身。
- 与此相比，在实质理性决策中，目标也必须受到理性的审视。目标必须是"正确"的，是唯一合理的。对理性的要求不仅要体现在决策程序上，还必须体现在所追求的目标上。它们必须是唯一"合理"的目标，而其他的目标都是"错误"的。（e. g. Pfohl/Braun, 1981, p. 129）

大多数研究者都认为决策程序中对目标的选择最终是一个主观价值的问题。从科学的角度来说，这些价值在客观上是无法确定为正确或错误的。大多数人将决策程序中的目标看做是事先确定的，因此制定决策程序唯一有意义的基础是决策程序本身在形式上的合理性。

那么一个"理性的"决策程序应该满足哪些条件呢？

正如艾森弗赫（Eisenführ）和韦伯（Weber）所说，随后的成功或失败都不足以成为衡量的尺度。我们必须清楚地区分出理性的决策和成功的决策。理性的行为理应产生更多成功的决策，但是如果认为有了形式上理性，我们就能够克服决策中的许多固有的不确定性、保证取得成功的话，那就说明对理性决策的理解有偏差。艾森弗赫和韦伯用下面这个简单的例子清楚地界定出了成功决策和理性决策之间的区别：如果经过仔细分析，你决定投资股票，后来你的股票大跌，但这并不说明你的决策就是缺乏理性的。如果一个学生将他最后的 100 欧元定在轮盘赌的第 17 号上面而赢了，这个决策并不因为这样一个选择的成功而说明是理性的。（Eisenführ/Weber, 2003，p. 4）

所以，理性的决策并不代表选择的成功和有效，确切地说，它只是表明一个策决过程是如何彻底和系统地进行。一般说来，如果决策程序展示了以下特征就可以被认为是"理性"的：

（1）决策程序一直是以目标为导向的，它自始至终都是围绕着最重要的目标进行的。

（2）在决策设计过程中所使用的信息是尽可能客观和完整的。

（3）决策程序遵循了系统化的行动过程，并使用了清楚的方法规则，这些规则对于非参与者来说也是可以理解的。

现在我们依次阐述这几条特征。

以目标为导向的理性决策（特征 1）影响到决策过程中所有的基本考虑。最初的一步，也就是发现问题，是以还没有取得的目标或比较容易取得的目标为基础的。问题分析是为了寻求解释没有实现的目标。只有那些保证能够更好地实现目标的方法才值得进行讨论。最后，对于选择方案的评估要在针对目标的决策标准的基础上进行。决策评估对于得到最佳的选择方案是非常重要的。（Eisenhardt/Zbaracki, 1992, p. 18; Kühn, 1969, p. 6 ff.）

在以尽可能客观和完整的资料信息基础上进行决策的要求（特征2）看上去很清楚，但是却需要进一步审视。形式上的理性并不要求获得完整的、完全客观的甚至是十分可靠的信息。为了与理性决策中以目标为导向的原则相一致，在收集信息时要进行成本效益分析。某个问题所呈现出的财政方面的重要程度和冒险程度将决定在信息搜集方面应该投入多少费用。要求得到完整的、完全客观的并且仅仅基于未来发展的信息是根本不现实的。在引言里，我们就指出理性不能替代直觉和经验，但是在适当的时候，还是应该理性一些。所以形式理性只是追求最客观和最完整的信息而不是一般意义上的客观和完整的信息，这一点是很有道理的。（Kühn, 1969, p. 6 ff.）

一个系统的，结构良好的程序和清楚的方法规则（特征3）应该保证非决策者能够理解操作者的思路。然而这并不意味着每一个局外人都必须同意这个决策。非决策者也许在追求不同的目标，而将信息作不同的解释或自己随意获取不同的信息，这将会导致一个结果，那就是他们会做出与操作者不同的决定。（Kühn, 1969, p. 6 ff.）

§3.3　用管理科学支撑理性的决策制定

管理科学的一个重点就是帮助管理者做理性的决策。除此而外，与其他学科一样，管理科学还追求制定能够对现实进行解释的目标。

管理作为一门学科在以下两个方面对实践起到指导作用：
- 一方面，经验分析法（empirical-analytical research）提供了解释性模式（explanatory models）。这些对现实的阐述可以用在决策中，以预测未来的发展和确定选择方案的效果。购买行为的模式就是解释性模式的一个典型的例子，它们向市场部经理们显示了在市场上买主是怎样看待不同的市场供给（offer）、怎样评价这些供给，从而最终决定选择某一个市场提供的。
- 另一方面，应用性标准化管理科学（practical normative management science）推崇能够帮助操作者处理决策问题的决策程序。本书将第二种方法表现出来，在第二部分将介绍处理复杂的决策问题的程序。

插页 3.1 详尽地说明了什么是经验分析法和应用性标准化管理科学以及这两种方法是怎样在实际操作中对决策问题起作用的。同时，该插页还提供了管理科学中的道德规范研究（ethical-normative research direction）并解释了为什么它不能够广泛流行。在这个部分还再次讨论了实质上的合理性（substantive rationality）问题。

插页 3.1　管理学中的三种研究方法及其对它们的评价

按照科勒尔（Köhler 1978, p. 186 ff.）的观点，在管理学中共存在三种对于目标的看法：
- 伦理规范研究方法的主要目的是寻找"正确的"目标和公司的价值。这种方法试图找到区分道德规范上被接受和不

第3章 理性的决策

被接受的行为标准。基于这样的科学目的，伦理规范研究方法遵循的是实质上的合理性。

- 经验分析法或理论管理学（theoretical management science）的目的在于解释现实。它提出了假设条件和解释性模式并将它们用于实践检验。检验的结果既可能是虚假的，也可能是真实的。但是真实的结果往往是短暂的，因为在未来的检验当中，假设条件的虚假推测永远都不可能被排除在外。假设条件有时是在完全凭感知的情况下提出和检验的。大多数管理科学家都倾向于经验分析法，但是同时又努力去了解与现实相关的并且能够在决策过程中能够使用的真实内涵。
- 应用性标准化，也叫做实用性管理科学（pragmatic management science），其目的是通过程序的制定、针对内容的建议和决策标准的制定等措施来指导实践。

这三种科学的方法因此在科学的目标方面是不相同的。我们不可能主观地确定出哪种方法的目标是正确的，因此也就不可能判断出哪一种方法的观点是正确的。科学界则将目标界定为科学的目标和非科学的目标。

基于道德规范的管理科学很少被科学界所接受，因为在正确的目标和价值这个问题上不存在正确和错误的答案。"你为价值而活，必要时你也为价值而死，但是你无法证明价值。"（Sombart，1967，p.83）

另外的两种观点都被接受，并且同时存在。许多科学家都把目光集中在经验分析法上。相当多的科学家则将两者结合起来。最后,有的管理科学家赞同实践规范性管理科学。除了以经验分析结果为依据,他们所提出的建议都是建立在案例研究(Yin, 2003)和行动研究(Kühn/Grünig, 1986, p. 118 ff.; Stringer, 2007)的基础上的。与这两种方法相关联的合理性越是难以解释,用实际调整来弥补的可能性就越大。

第 4 章 决策程序

§4.1 决策程序的定义

决策程序可以定义为:
- 为获得信息和分析信息而设立的一个主体之间关系清晰的规则系统。
- 它能够运用于解决某种类型的决策问题。(Grünig, 1990, p. 69 f.; Gygi, 1982, p. 20; Klein, 1971, p. 31; Kühn, 1978, p. 52 and 139; Little, 1970, p. B – 469 f.; Streim, 1975, p. 145 f.)

为了更好地理解这个定义,下面的说明似乎更为贴切:
- 一个决策程序必须提供一个说明卷入解决决策问题中的所有基本子问题的规则系统,包括问题的发现和分析、对各种选择的评估、对选择和决策的大致结果做出详细说明等。仅仅帮助操作者克服其中一个困难的规则不能称为决策程序。这种解决子问题的规则系统是存在的,比如制定选择方案或确定总体结果。第一规则系统常常被称为创造性技术(creativity techniques),同时第二个规则系统也被称为决策的原则。
- 有时会存在各种完全不同的规则系统。这从它们的外在形式上体现出来。从有图表或无图表的语言描述到复杂程度各异的数学计算都说明了这一点，但内容方面的差别是最重要的。
- 决策程序的规则主要是指对于相关信息的处理。它们通常只是一些关于解决一个问题需要什么样的信息的模糊的指数，而对于怎样去获得这些信息没有提出任何建议。这是可以理解的，因为获得与决策相关的信息需要依赖于某些特殊的条件。

§4.2 决策程序的维度及其价值

管理科学的目的是帮助决策者完成任务并提出了大量的方法和程序，这些程序可以根据一定的原则进行细分。从实际的角度来说，有三个重要的原则：
- 可以运用到程序当中的一系列不同的决策问题
- 程序运用中形式上的限制
- 所得到的解决方法的质量

根据基础问题所涉及范围的大小，我们要区分出一般决策程序和专门用于处理特定问题的程序。解决一般决策问题的程序当然是对所有决策问题都有帮助的，而解决特定问题的程序则用于处理专门的、比较狭窄的问题。我们通过公司的战略制定和决定某个特殊产品群的最佳储存量的例子来说明处理特定问题的程序。

决策程序的使用涉及某些边界条件，有些条件是能够清楚说明的，然而，面对操作者的还有不明确的、无法预料的边界条件或在运用决策程序过程中出现的困难。最常见的边界条件就是程序只承认定量的决策变量和定量的决策标准，而将定性方面的因素排除在外。

由于在具体实施时受到条件限制，也就是在这一阶段存在的信息不清晰，因此必须在限制性的运用条件和非限制性的运用条件之间做出区别。插页4.1阐释了决策程序中对于最重要的运用条件的各种不同观点。

在考虑决策程序所得到的解决方法的质量时，区别出下面两点是很有意义的：
- 能够取得最佳解决办法的程序。
- 找到操作者认为满意的解决办法的程序。

图表4.1对此做了总结。

图表4.1 决策程序的维度及其特征

维度	特征	
(1) 主要问题的内容范围	一般决策制定的程序	特定问题的决策制定程序
(2) 形式上的运用限制	有形式上的运用限制的决策制定程序	没有较大形式上的运用限制的决策制定程序
(3) 解决方案的质量	旨在找到最佳解决办法的决策制定程序	能够找到满意的解决办法的决策制定程序

§4.3 决策程序的类型

在前面的几个小节中我们介绍了三种重要的维度来区分不同的决策程序：问题的内容范围、形式上的运用条件和解决方案的质量。在"运用条件"（application conditions）与"解决方案的质量"（quality of solutions）这两个维度之间存在着联系：限定性的运用条件使得确定最佳的解决方法成为可能。同样，如果放弃了严格的形式上的运用条件则意味着得不到可靠的解决方案，所产生的最好的方案也往往不是最佳方案。这两个重要因素代表了解决同一个问题的不同方法。因此，我们提供的两种标准仅仅代表了关于同一个问题的两种不同解决方法。

由于两种不同的决策程序可以根据内容的范围和运用条件/解决方案的质量来区分，我们就必须面对四种类型的决策程序。图表4.2展示了这四种决策程序。

图表 4.2　决策程序的类型

形式上的运用限制和解决方案的质量 \ 问题的内容范围	一般问题的运用	仅用于处理特定的问题
没有重大的形式上的运用限制；旨在得到满意的解决方案	一般启发式决策程序	特定的启发式决策程序
有形式上的运用限制；旨在得到最佳的解决方案	一般分析式决策程序	特定的分析式决策程序

在管理学文献中还有一些关于决策制定程序的更为复杂的方法（Fischer, 1981, p. 297; Streim, 1975, p. 151）。然而对于我们来说，有这四种方法就足够了。它以一种非常清晰的方式界定了我们感兴趣的一般启发式决策程序和其他几种程序的区别。

§4.4　启发式（heuristic）决策程序与分析式（analytic）决策程序的比较

在比较这两种不同的决策程序之前，首先需要给"heuristic"这

第4章 决策程序

个在口语并不常用的词下一个清楚的定义。

- 该词源自古希腊语，本身是个动词，可以译为"寻找"（to seek 或 to find），因而它的形容词形式可以理解为"suitable for finding"能够找得到的。（klein 1971. p. 35）
- "heuristic"就是根据实际中的经验得出的规律（a rule of thumb）、一种战略、技巧，一种将复杂问题简单化的方法，或其他任何能够在大量问题出现时减少对寻求解决方法所做的投入的尝试。启发式决策程序并不能保证得到最佳解决方案，事实上，它们不能保证任何解决方案的获得。一个有用的启发式决策过程只能够得到在当时看来是很不错的解决办法（Feigenbum & Feldmann, 1963. p. 6）。它是一种帮助操作者在寻找解决复杂问题的方法时减少精力或成本的思维规则（thinking rule），这种减少成本的优势必须被看做是与它的劣势相对立的，这个劣势就是仅仅能够得到一个满意的方案，而不是最佳的方案。有时运用启发式程序甚至不能得到可行的解决问题的方案。

与分析式决策程序相比，启发式决策程序的主要优势就是它不需要非常正式的运用方面的限制和相对比较低的运用成本。不好的一面则是得不到任何有保证的解决方法。当找到一个解决办法时，并不能保证这个办法就是最好的。图表4.3概要地说明了启发式决策程序与分析式决策程序之间的区别。

正如我们前面提到的，分析式决策程序通过严格的运用方面的限制确保了最佳选择的获得。插页4.1解释了在使用分析式决策程序中必须达到的条件。既然如果分析程序中的形式上的要求没有得到满足，操作者将不得不在启发式程序上寻求帮助，该插页还将启发式

图表 4.3 启发式决策程序与分析式决策程序的比较

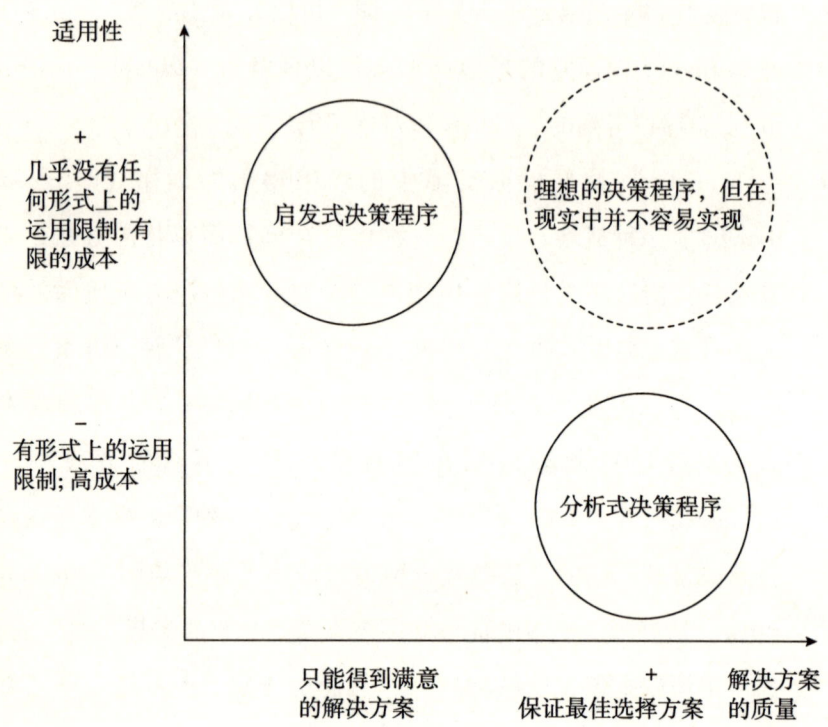

决策程序放到一个更为准确的位置。

插页 4.1 作为使用分析式决策程序必备条件的结构合理问题

根据西蒙或纽维尔（1958, p. 4 ff）的观点，在运用分析式决策程序之前，决策问题就应该是"结构良好的"。作为结构良好的问题，它必须满足三个特殊的条件。

使用分析式程序的第一个条件是，问题只包含定量变量

第4章 决策程序

（quantitative variables）或者说它可以描述为仅限于定量维度上。

第二个条件是不论得到的方法是否可以接受，都必须界定出清晰的规则。只要这些规则存在，问题就可以被认为是界定清楚的；如果没有这些规则，问题则被看做是界定不明的。(Klein, 1971, p. 32; Minsky, 1961, p. 8 ff.)

这样的规则也存在于国际象棋中。国际象棋明确规定一旦棋王被将死，即宣布对方的胜利。至于谁来使用这条规则并没有关系，因为这不需要作出主观的判决。

但是当选择方法的规则包含了主观判断时，我们仍然可以称之为结构合理的问题。比如当决定某个选择是否可行时，如果有必要将操作者对待风险的态度考虑进去，这种情况就比较突出。这时，决策程序是清楚的，并且摆脱了操作者的主观态度。然而，程序的使用总是以对待风险的主观态度为基础的，这就意味着对于不同的操作者来说，最佳的选择并不是相同的。

第三个条件是必须能够在时间和费用上都不超出合理限制的情况下制定出分析式程序（Klein, 1971, p. 32 ff.），寻找最佳选择。迄今为此，这一点在国际象棋上还没有成功。比如没有任何一种程序可以保证赢得一场棋，如果有的话，就会涉及是否存在可以接受的费用这样一个问题。现今象棋的设计是以启发式程序，而不是分析式原则体系为基础的。

如果存在这样一种在时间和费用上都不超出合理限制的能够运用的分析式程序，或者说能够制定出这样的程序，那么根据西蒙和纽维尔的观点，我们就可以说问题的结构是合理的。

否则，我们将要对付的就是结构不合理的问题。（Klein，1971. p. 32；Simon&Newell，1958，p. 4 ff.）

图表4.4对此作了总结。

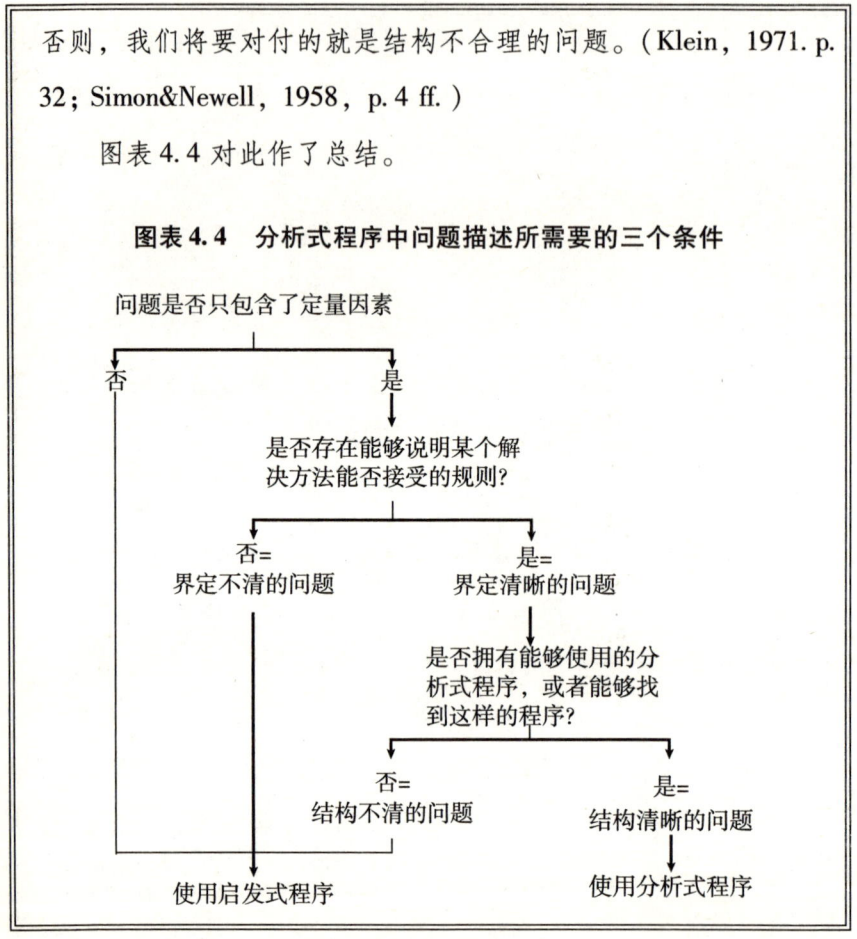

图表4.4 分析式程序中问题描述所需要的三个条件

§4.5 不同类型的决策程序的例子

4.5.1 介绍语

为了给读者一个关于不同决策类型的更为具体的概念，我们提供了三个具体的建议，这些建议有助于区分各种不同程序之间的差别。

第4章 决策程序

既然在第Ⅱ部分中我们给出了关于一般启发式决策程序的完整描述，在这里我们将暂时省略这方面的例子，第5章再作全面介绍。

4.5.2 特定的启发式决策程序的例子

我们以一个建立在投资组合分析与策划基础上的公司战略的制定程序作为制定特定的启发式决策程序的例子（Grant，2010，p. 431 ff.；Hedley，1977，p. 9 ff.）。这个程序的目的是为一个在不同地方有分公司的企业的不同业务和产品系列制定目标市场定位和投资的优先选择方向。（Grüing&Kühn，2005. p. 33 ff.）

公司战略的制定要遵循图表4.5所说明的五个步骤（Grünig/Kühn，2011，p. 189 ff.）。对此，需要作出以下说明：

1. 以对现有战略业务的界定为开端。所谓业务就是一种市场提供，它有自己的市场组合（marketing-mix）或者说至少在形成最重要市场机制（marketing instruments）方面是独立的。当一项业务与另一项业务共享市场和/或资源时，我们称之为业务单位（business unit）。然而当一项业务与另一项业务只有轻微的市场和资源上的相互依存时，我们则称之为业务范围（business field）（Grünig/Kühn，2011，p. 123 ff.）。一个公司的业务可以是产品群和/或国内的一切活动，还有产品与国家的结合。

2. 第二步涉及描述现有的战略。要做好这一点，必须制定出现行的投资组合（current portfolio）。

3. 在第三步中要对现有的战略进行评估。投资组合的平衡是评估的关键。如果投资组合的业务是有发展潜力的，并且在成熟的市场中有很强的地位,那么这项投资组合就被认为是平衡的。

4. 在评价了现有的战略之后,就应该制定未来战略的选择方案并对其进行评估。对于公司来说,战略选择包括减少现有的业务、加强现有的业务和建立新的业务。这些都可能涉及分类、合并和战略联合。最后是对选择方案的评估,被认为是最好的那个方案将作为公司未来的战略。

5. 最后是清晰地、详细地阐释已经选定的公司未来战略。

图表4.5 公司战略制定的程序
(选自 Grünig/Kühn,2011,p.190)

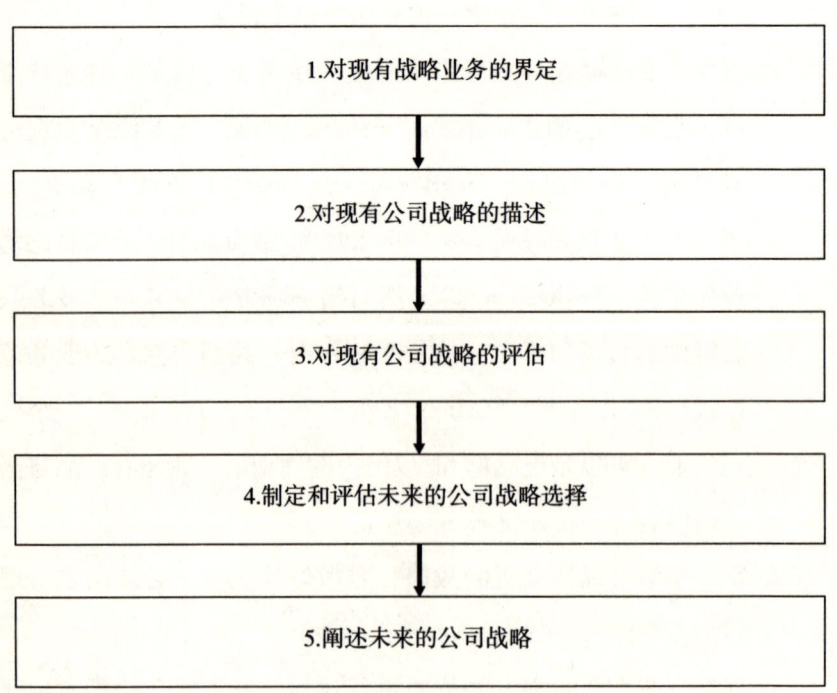

第4章 决策程序

图表4.6展示了通用电气公司和麦肯锡（McKinsey）对于贝尔（Baer）零售集团的投资组合方案。该组合方案概括了目前的形势和选定的公司未来的战略。正如图中表所显示的，贝尔集团拥有一家百货商店、几个日用品商店和一个广告公司。这三项业务在市场和资源方面都相对独立，因而它们是业务范围。从营业额和利润的角度来说，最重要的业务范围是百货商店，它被分为几个不同的业务单

图表4.6 通用电气公司和麦肯锡公司关于贝尔集团的投资组合方案

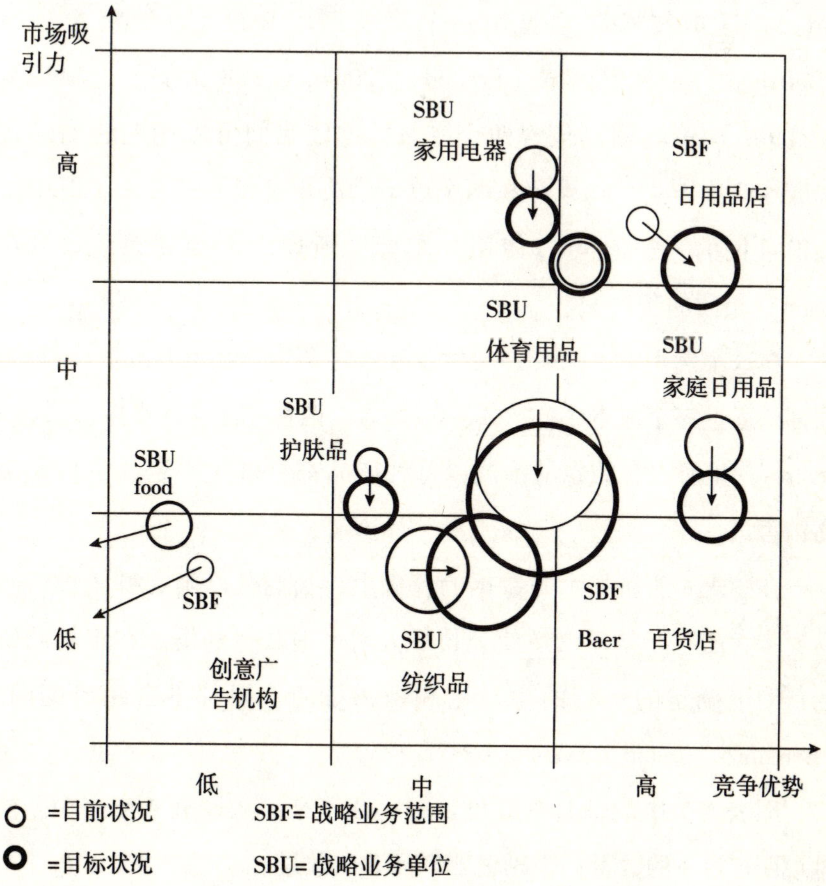

市场吸引力

高　中　低

低　中　高　竞争优势

○ =目前状况　　SBF= 战略业务范围
● =目标状况　　SBU= 战略业务单位

SBU 家用电器
SBF 日用品店
SBU 体育用品
SBU 家庭日用品
SBU 护肤品
SBU food
SBF 创意广告机构
SBU 纺织品
SBF Baer 百货店

位。投资组合表现了整个计划：作为业务范围的"广告公司"和作为业务单位的"食品"将被放弃，而有竞争优势的业务范围面部肌肤及身体护理产品和纺织品大大增加。其他的业务都处于一个市场吸引力正在下降的市场中，因而这些业务的主要目的是保持住目前的市场地位。

4.5.3 一般分析式决策制定程序的例子

一般分析式决策程序的绝好例子是线性规划（linear programming）。这项技术在这里用一个简单例子来说明。伯特希马斯（Bertsimas）和弗罗因德（Freund）（2004, p. 328 ff.）的这项决策实践里，决策问题只包含两个变量，这使我们可以用图表的形式来展示解决方法。如果存在两个以上的决策变量——现实情况中这是很常见的——就可以使用与图标中所展示的规则系统（algorithm）相同的程序。

在这个例子中，一个公司生产和销售两项产品（Ⅰ和Ⅱ），每一项都要通过三个成本中心（A、B 和 C）。两种产品在成本中心（cost centres）里所占有的容量不同，每种产品都有事先决定的价格和最高销售量。

在图表 4.7 所显示的数据的基础上，我们可以确定哪一种产品需要多大的生产量，以便使公司最大限度地获得利润。在市场调研的帮助下确定的可行的生产量和销售量的上限都不会超出范围。（Bertsimas/Freund, 2004, p. 328）

图表 4.7 中的信息现在已经被一步步地溶入图表 4.8 当中。横轴说明产品 I 的数量；竖轴说明产品 Ⅱ 的数量。

第 4 章　决策程序

图表 4.7　确定最佳销售计划和生产计划的原始数据

（选自 Bertsimas/Freund，2004，p.328）

生产信息

产品	销售价格	可变成本	最大销售量
I	270 美元	140 美元	15 单位/天
II	300 美元	200 美元	16 单位/天

成本中心信息

成本中心	生产量	产品 I 的生产时间	产品 II 的生产时间
A	27 小时/天	1.5 小时/单位	1 小时/单位
B	21 小时/天	1 小时/单位	1 小时/单位
C	9 小时/天	0.3 小时/单位	0.5 小时/单位

- 首先，引入销售领域的两个边界条件和生产领域的三个边界条件。
- 接下来决定选择方案的范围。
- 做完这些工作之后，需要确定目标函数（goal function）的坡度。既然一个单位的产品 I 能够产生的利润相当于一个单位的产品 II 的 30%，产品 II 要实现与产品 I 相同的边际贡献就必多出 30% 个单位。代表相同边际贡献的目标函数的坡度因此高于 45 度。
- 这时代表目标函数的直线已经尽可能平行向右，但没有离开选择的范围。
- 正如从图表中看到的那样，最佳的销售量和生产计划是 12 个单位的产品 I 和 9 个单位的产品 II。

图表4.8　最佳销售和生产计划图表

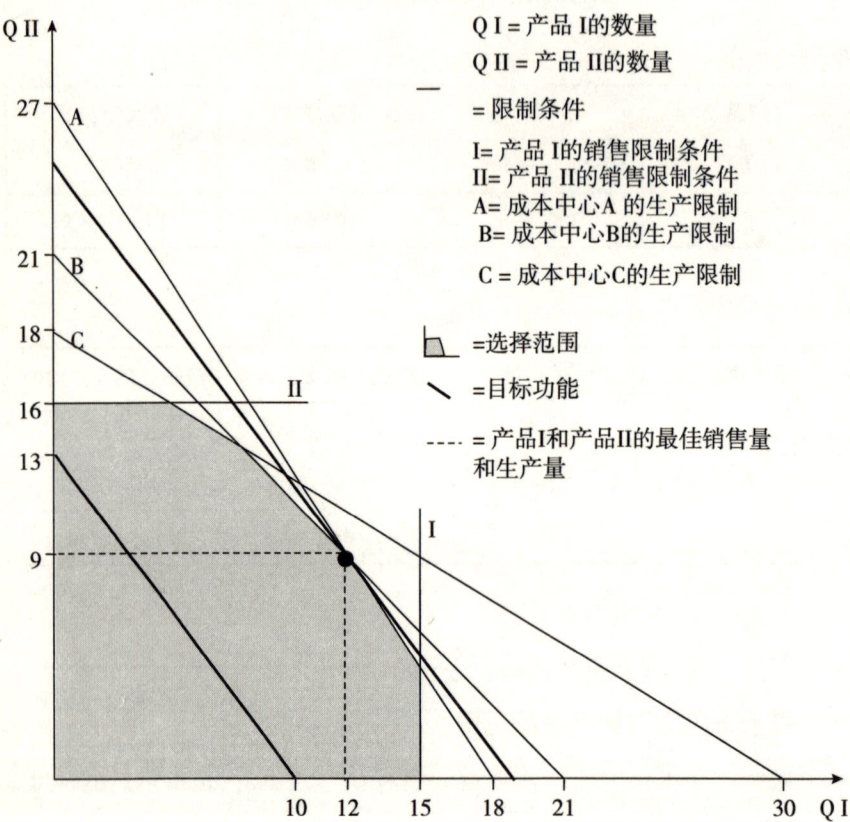

4.5.4　特定的分析式决策制定程序

哈里斯（Harris）和威尔逊（Wilson）关于确定商品最佳定货量（optimal order quantity）的模式提供了一个特定的分析式决策程序的例子。正如图表4.9所表现的，该模式既体现了商品数量的稳定需求，又体现了定单中所有产品在不延误时间的情况下送出。进一步讲，它说明了定单的数量对既定的收购价格没有影响，并且对于

第4章 决策程序

任何数量来说都有足够的存放空间，这样就不会产生额外租房子的储存费用。在以上设想的基础上，该模式就能够将定单数量形成的费用降低到最小。（Simchi-Levi/Kaminsky/Simchi-Levi，2009，p. 33 ff.）

图表 4.9 哈里斯和威尔逊的锯齿形库存情况图

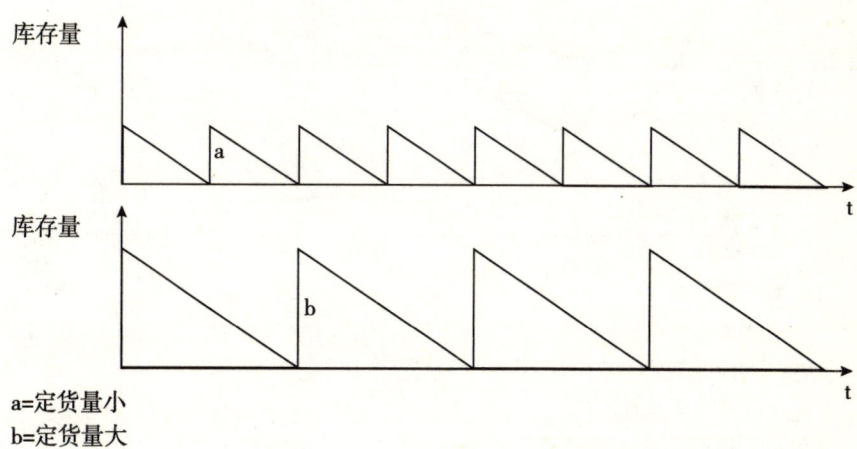

a=定货量小
b=定货量大

由定单的数量而产生的成本有两种：第一，每一次定单的处理都会积累一定的费用，只有定单较少时这个费用才会相应地增高。第二是储存的成本，这个费用在有较大定量时增加，所有这些都包含在了最佳化的过程当中。图表 4.10 显示了这两种费用的组成，全部费用和最佳订货量，这是根据哈里斯和威尔逊的模式计算出来的。（Simchi-Levi/Kaminsky/Simchi-Levi，2009，p. 34）

这里用一个例子说明了最佳订单量的确定。该例子的依据是以下数据（Simchi-Levi/Kaminsky/Simchi-Levi，2009，p. 35）：

- 年度需求量 = 50000 单位
- 储存成本 = 每单位每年 0.25 瑞士法郎

图表 4.10 哈里斯和威尔逊的成本函数模型

（引自 Simchi-Levi/Kaminsky/Simchi-Levi，2009，p. 34）

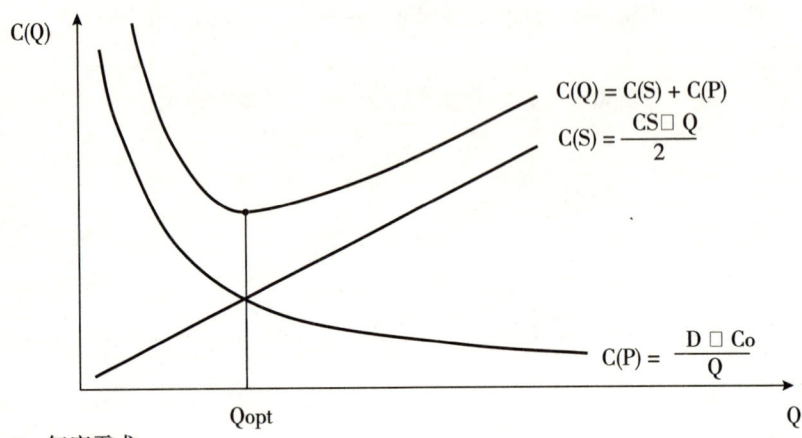

D= 年度需求
Q= 订单数量
Qopt= 最佳订单量
C(Q)= 订单量带来的成本
C(S)= 订单量带来的储存成本
C(P)= 订单量带来的购买成本
CS= 每个单位和每天的储存成本
Co= 每件订单的成本

- 每个订单成本 = 20 瑞士法郎

订单量带来的成本函数（cost function）可以根据下面三个数字来确定：

$$C(Q) = \frac{0.25 \cdot Q}{2} + \frac{50000 \cdot 20}{Q}$$

此时成本函数被计算出来并设定为零：

$$0.125 + \frac{1000000}{Q^2} = 0$$

最佳的订单数量就能够计算出来了，即 2.828 个单位。

4.5.5 对这三个例子进行的比较

这三个例子使我们再一次分清了不同决策程序之间的区别。

制定公司战略的程序与哈里斯和威尔逊关于确定最佳定量的模式很适合用于处理特殊类型的问题。这个决策程序的名称本身就说明了问题的类型，因而这两个方法就属于特殊的决策程序。与此相反的是，线性规划（linear programming）适合于对任何结构良好的问题进行最佳整合：它能够确定一个公司的最佳投资方案，解决运输问题，或者就像例子中所说的那样，决定一定时间内公司的最佳销售和生产计划。因此，线性规划属于一般决策程序的一种。

哈里斯和威尔逊的程序和线性规划在使用方面都有严格的限制。需要事先提供的数量上的信息必须十分准确。如果缺少其中的一条，决策程序就无法运用，或者其运用的结果会导致一种次佳（sub-optimal）状态，甚至导致潜在的荒谬的结果。如果定量信息中有一条是错误的，将会产生纸上计算正确，而在现实操作中错误的情况。这两种程序都可以定位为分析式决策程序。与它们形成对照的是，公司战略制定的程序并不要求具备精确的定量方面的信息。如果操作者拥有这样的信息，那么公司战略的质量将会提高，但对于程序的制定并不是绝对必需的。在任何情况下，这样的决策程序都不能产生最佳的解决办法。然而，程序的运用肯定会导致能够使用的公司战略的产生。但是没有人能够确定公司的战略与最佳战略之间的差距是多大。因此，公司战略制定的程序属于启发式决策程序的类型。

第Ⅱ部分　一般启发式决策程序

第Ⅱ部分 一般启发式决策程序

第Ⅱ部分讨论我们所推荐的决策程序并解释怎样使用它，通过第Ⅱ部分的学习，读者将能够：
- 熟悉处理复杂的决策问题的方法
- 明白怎样进行决策中的每个步骤

这样读者就能够系统地、有方法地处理你所碰到的任何复杂问题并找到满意的解决方案。

第Ⅱ部分共有六章：
- 第5章给出了整个程序的概况并解释它的基础和使用方法。
- 第6章解释第一步和第二步，也就是确定决策问题和分析决策问题。
- 第7章转为寻找解决方案和对解决方案的评估。这些问题在决策程序的第三步到第六步中讨论过。首先说明如何制定解决问题的选择方案，然后讨论它们的评估标准。接下来讨论关于环境假设（environmental scenarios）的定义。本章的最后是如何确定选择方案的结果。
- 第8章解释了决策的基本原理并讨论了第七个步骤的基础。首先从总体上介绍了决策的基本原理，同时说明哪个原理适合运用于哪个步骤，然后又解释了这些原理。本章最后对不同决策原理进行了评估。
- 第9章讨论对选择方案的总体评估和第七个步骤中的决策问题。
- 第10章用一个案例说明了一般启发式决策程序的运用。在介绍了案例之后，我们主要说明了决策问题是怎样界定并分析的。接着讨论制定和评估解决问题的选择方案。在本章的最后部分，我们对决策结果进行了展示并对它的合理性进行了说明。

第 5 章　决策程序概要

§5.1　一般启发式决策程序的意义

在介绍总揽之前，我们首先审视启发式决策程序的优点和局限性，这样就能够保证读者和潜在的使用者一开始就抱着现实的期待去学习它。

有两种方法可以用来判断一般启发式决策程序的价值：

- 一方面将它与凭直觉得到的、不需要使用正规程序的决策进行比较。
- 另一方面将它与特殊的启发式程序得到的决策结果进行比较也是很有意义的。

下面我们将要分别讨论这些比较结果。

采用系统的程序和凭直觉的方法都存在这样一个问题，那就是决策者是否在追求一个正确的目标。正如我们已经了解到的，在确定一个目标是否合理这个问题上总是存在着主观的评价。凭直觉和依靠程序这两种方法都存在一个共同点：最后决策的质量至少在某种程度上依靠的是操作者对实际情况的掌握。如果操作者拥有关于问题的足够信息，而不是相反的情况的话，与凭直觉得到的决策相比，系统程序的决策甚少有以下三条明显的优点：

- 使用系统程序的决策方法可以更容易地将决策程序中的所有关切都集中到最重要的目标上来，因此减少了在决策过程中忽视目标而导致错误决策的情况。
- 通过对选择方案进行的分析、制定和评估，系统程序的方法可以更容易地区分出哪些是实际情况、哪些是主观评价，这往往使得决策的质量更高。
- 决策程序中固有的系统办法能够更好地利用得到的信息。这一点产生的效果不仅仅是较高质量的决策方案，而且还有更加高效的决策过程。因为思考方面的错误和矛盾能够更加迅速地暴露出来。

对一般启发式决策程序和特定的启发式决策程序进行比较能够得到不同的结果。其结果依赖于特殊的决策问题在多大程序上与特殊的决策程序相匹配。当这种匹配恰到好处时，特殊决策程序通常就会产生较好的结果。这是因为解决问题的步骤和这些问题本身能很好地相互匹配，从而使得操作者能够更好地利用他的知识和信息。然而，所提出的问题的本质特征越是与专门程序所设计的问题类型的特征不相符，一般启发式决策程序起到的作用就越大。

图表5.1 概括了一般决策程序的优点与局限，并对这一节的内容进行了解释。

第 5 章　决策程序概要

图表 5.1　一般启发式决策程序的优点与局限性

优点	局限性
可以用在所有决策问题当中。	与能够得到和使用的特殊程序相比，对于特殊类型的决策问题来说，效率和有效性都较差。
加大对目标的关注以减少错误决策的风险。	不能保证避免做出错误的决策
通过确定出真实的资料及其评估和更好地使用真实的信息来提高决策的质量。	不能弥补由于缺乏信息和足够的技术而造成的损失。

§5.2　对于子任务排序的建议

图表 5.2 说明了决策程序中不同任务的基本形式。对于复杂的决策问题来说，在问题分析的过程中通常会产生一系列子问题。图表 5.3 说明了在这种情况下决策程序的运用。它展示了解决两个子问题的操作过程，通过平行的或依次解决的方式来说明。

有必要对这三幅图表进行以下评论：

- 正如图表 5.3 所显示的，两个子问题 A 和 B 可以平行进行。由于两个子问题之间完全独立的情况极少出现，这时决策就必须相互协调好。图表 5.4 说明了两个子问题出现不同层次的状态，这时就应该先处理层次较高的问题 1。关于这个问题所做的选择形成了处理次要问题 2 的基础。很明显，其他更为复杂的情况也会发生，比如对于问题的分析可能产生一个子问题"A"，它与其他的两

第Ⅱ部分　一般启发式决策程序

图表 5.2　一般启发式决策程序的基本形式

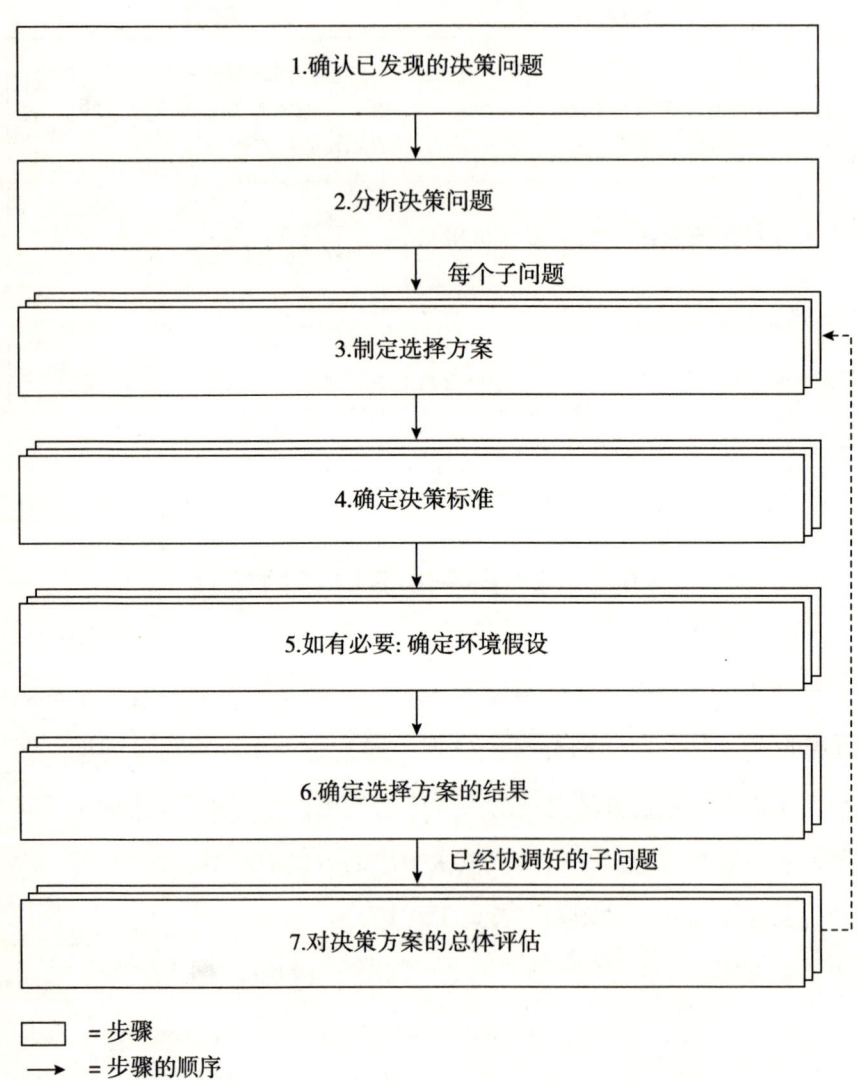

- □ = 步骤
- → = 步骤的顺序
- ---→ = 启发式环节

个子问题 "B1" 或 "B2" 相平行，而这两个子问题之间又呈等级关系。

图表 5.3　在处理平行的子问题时的一般启发式决策程序

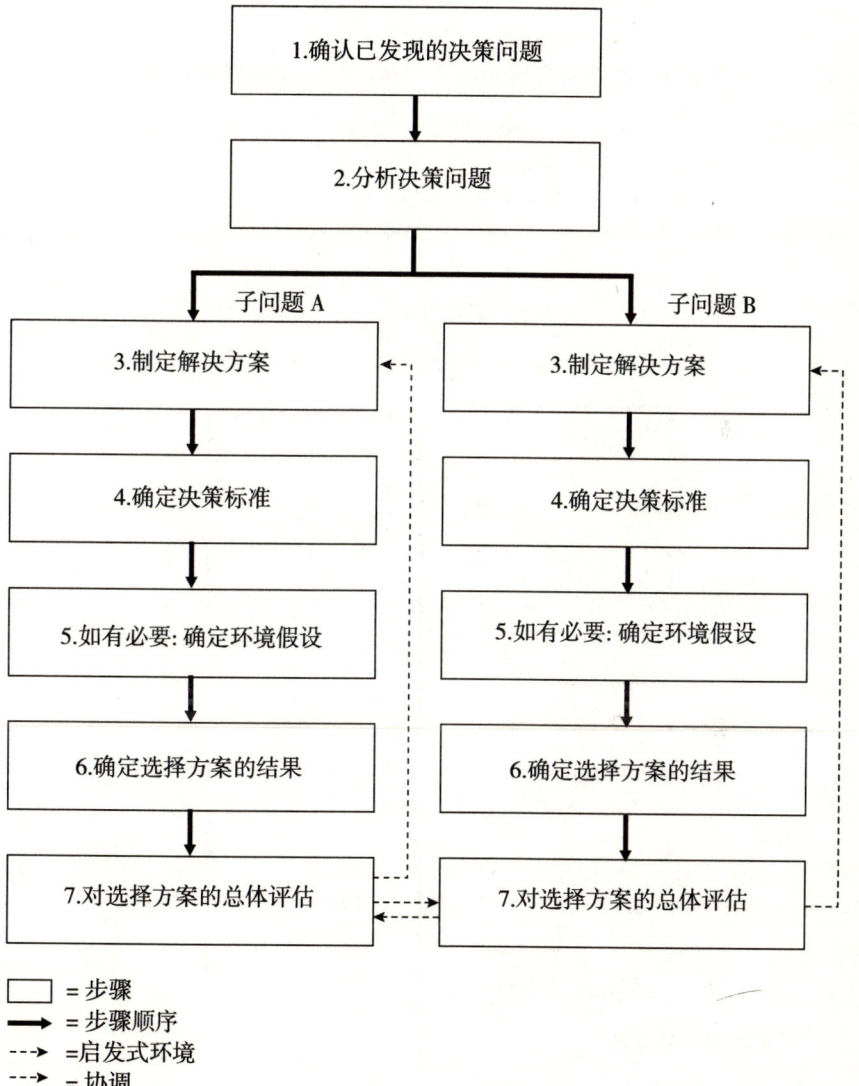

- 这几个图表只展示了一个导致重新回到第七步与第三步的启发式环节，这是最重要的一个环节，它是启发式程序的固有本质。然

第Ⅱ部分　一般启发式决策程序

而这些环节也许在整个程序所有阶段都可能发生。例如，在第四步中所确定的决策标准很可能由于第六步显示出该选择无法进行

图表 5.4　在处理有层级的子问题时的一般启发式决策程序

```
            ┌──────────────────────┐
            │ 1.确认已发现的决策问题 │
            └──────────┬───────────┘
                       ▼
            ┌──────────────────────┐
            │    2.分析决策问题     │
            └──┬────────────────┬──┘
               │                │
           子问题1            子问题2
               ▼                ▼
       ┌─────────────┐   ┌─────────────┐
       │3.制定解决方案│◀--│3.制定解决方案│◀--
       └──────┬──────┘   └──────┬──────┘  │
              ▼                 ▼         │
       ┌─────────────┐   ┌─────────────┐  │
       │4.确定决策标准│   │4.确定决策标准│  │
       └──────┬──────┘   └──────┬──────┘  │
              ▼                 ▼         │
       ┌──────────────┐  ┌──────────────┐ │
       │5.如有必要:    │  │5.如有必要:    │ │
       │  确定环境假设 │  │  确定环境假设 │ │
       └──────┬───────┘  └──────┬───────┘ │
              ▼                 ▼         │
       ┌──────────────┐  ┌──────────────┐ │
       │6.确定选择方案 │  │6.确定选择方案 │ │
       │  的结果       │  │  的结果       │ │
       └──────┬───────┘  └──────┬───────┘ │
              ▼                 ▼         │
       ┌──────────────┐  ┌──────────────┐ │
       │7.对选择方案的 │  │7.对选择方案的 │-┘
       │  总体评估     │  │  总体评估     │
       └──────────────┘  └──────────────┘
```

□ = 步骤
▶ = 步骤顺序
--▶ = 启发式环节

评估而做调整。当选择方案不能根据所界定出的决策标准进行评估时，这个环节就会出现。另一个可能产生的环节在图表5.4中没有显示。当出现两个相继的子问题时，很可能找不到满意的解决办法去解决次要的那个子问题，这时操作者必须重新审视层次高的那个子问题的选择结果。

在管理学文献中可以看到不同的一般启发式程序（Bazermann/Moore, 2009, p. 1 ff.; Jennings/Wattam, 1988, p. 5 ff.; Robbins/Decenzo/Coulter, 2011, p. 84 ff.）。它们共同的特点是将解决问题的方法分为几个步骤，就像我们在这里所建议的。但是在步骤的界定和顺序上存在一定的差异。

§5.3 对各个步骤的简要解释

在§5.2中介绍了一般决策程序的结构之后，接下来我们要简单说明该程序中的所有步骤。读者能够全面地了解到在程序的实际运用中应注意哪些内容。

当决策问题被确认之后解决问题的程序就开始了。这个程序可以以一种随意的方式进行，也可以借助于问题搜寻系统完成。第一步是确认已经发现的决策问题，操作者必须检查目标状况和现实状况的差别是否建立在可靠的信息基础上，而且这些差异是否大到必须非处理不可。

如果问题得到确认，面对这个问题的个人或团队必须首先确定由谁来具体负责解决问题，并制定出解决该问题的时间框架。在分析问题和找出解决措施方面投入多少时间和精力取决于问题的重要性和紧迫性。如果不能确定问题的紧迫性和重要性，最好一开始就按照高度紧迫性和重要性的起点来进行操作，因为只有当完成了问题分析这个步骤之后，才有可能有把握地评价出该问题真正的紧迫性和重要性。

第二个步骤是分析问题，首先对问题下定义并对问题进行结构归类。然后收集所需要的信息并分析问题产生的原因。最后将问题分解为子问题并确定处理这些问题的方法。

步骤三到步骤七针对每一个子问题。子问题是平行解决还是分层次解决取决于步骤二中所确定的问题结构。

程序中的第三步要求制定出至少两种可供替换的解决方法。如果没有两种本质上不同的解决办法，也就是说不仅仅是在细节上有差异的解决办法，那就等于不存在真正的决策问题，也就没有必要继续进行需要投入大量时间和精力的程序。如果得不到两种本质上不同的解决办法，那么就应该放弃使用系统的决策程序，操作者只需采用他认为是唯一正确的解决办法就可以了。

第四步要求操作者制定出能够评价每一个解决方案的决策标准。决策标准与决策目标不同，因为决策目标只是对所期待的状态进行模糊不清地阐述，而决策标准则要求对特定的评估准则进行清晰地界定。

在根据决策标准建立了相关的目标范围之后就可以开始第五步了。在第五步中操作者要确定决策的结果是否可靠，或者对它们的评估是否根据不同的环境假设平行地进行。如果结果必须同时根据几种假设才能确定，那么每一种前景的可能性都应该尽可能地确定下来。

第 5 章 决策程序概要

图表 5.5　说明一般启发式决策程序中事件排序的简单例子

1. 确认已发现的问题	超过7%的回报　目标／现状　只有4%的回报
2. 分析问题	子问题1：批发销售的营业额更多　　子问题2：库存过多，因此原材料成本高　　子问题3：生产的劳动成本过高
每个子问题	比如　子问题3：产生的劳动成本过高
3. 选择方案	A = 生产合理化 B = 重新布置对欧元区的生产 C = 在欧元区将业务转包给承包商
4. 决策标准	1 = 产品的全部成本 2 = 产品的质量
5. 环境假设	a = 欧元/瑞士法郎兑换率下降 b = 欧元/瑞士法郎兑换率不变或增加
6. 结果	见下表
7. 对决策的总体评估	B > A > C

选择方案	决策标准 1		决策标准 2
	环境假设 a	环境假设 b	—
	结果		
A	C_{A1a}	C_{A1b}	C_{A2}
B	C_{B1a}	C_{B1b}	C_{B2}
C	C_{C1a}	C_{C1b}	C_{C2}

在第六步中要确定出每一个选择结果、决策标准的价值，有可能的话还要确定每个环境假设的价值。

在最后的第七步中要对所有的选择进行评估。对选择的总体评估可以可以概略地进行，也可以用分析的方法进行。如果操作者决定采用分析式的方法，他就必须借助于特殊的规则来确定整体的结果。这些规则叫做决策原则（decision maxims）。

图表5.5用一个简单的例子说明了以上问题。这个案例要解决的是一个针对瑞士市场的厨房用品制造商回报不足的问题。

§5.4　决策程序的基础

在§5.2和§5.3节提供了一般启发式决策程序的全貌，这一节要讲的是一般启发式决策程序的基础，并以此作为本章的结尾。

正如我们从图表5.6中看到的那样，一般启发式决策程序的基础一部分来自相关的文献，一部分来自作者的经历。

下面的内容来自文献：

- 来自文献的决策原理是决策程序最重要的基础。在第七个步骤中被用来对解决方案进行全面的评估，在第9章中有详细的说明。
- 相关的文献建立了启发式决策的原则，这些原则在设计启发式决策程序时必须考虑进去。插页5.1提供了对于决策程序中极其重要的启发式原则并表明在程序中它们是怎样被推崇的。
- 正如§5.2节中所说的，管理学文献中都有着关于一般启发式决策程序的各种论述，把我们所提出的主张与文献中的建议相比较，将会有助于找到缺陷，改进决策程序。

图表5.6 一般启发式决策的基础

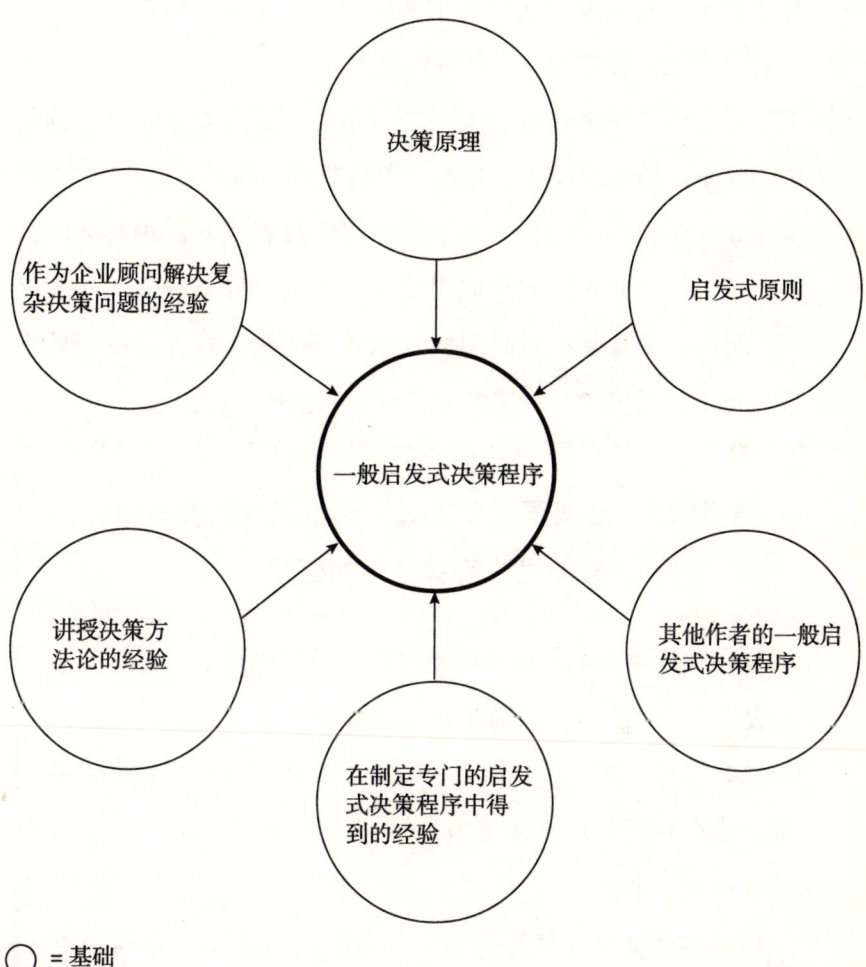

○ = 基础
◎ = 结果

作者长期积累的经验也是非常有帮助的：

- 不论个人决策还是集体决策，作者都设计了一定数量的特定的一般启发式决策程序。在做这项工作时，作者积累了有关方法论的知识，而这些知识又被运用到本书提出的一般启发式决策程序的设计当中。
- 作者对于一般决策方法的教学实验也产生了有价值的成果。所推荐的方法能够被验证并且得到改进。
- 其中最有价值的是作者以顾问的身份帮助面临着复杂决策问题的组织走出困境的经历。在本书中这些方法同样被运用和检验。更重要的是我们所得到的关于当高层管理者面对困难决策时人文环境方面的知识。要想取得成功,他们也处于极大的压力之下。另外,通常要在短时间内作出重要决策。这方面的经验在设计本书中提出的一般决策程序时已经被考虑进去了。

插页 5.1　最重要的启发式原则以及它们在一般启发式决策程序中的运用

启发式原则是一些根据实际经验而得到的规则,它们用来解决复杂的问题。我们所推荐的决策程序中最基本的启发式原则将在这里得到解释。我们还将说明在程序中的哪个部分使用它们,这个解释是依照库恩(kühn, 1978. p. 129 ff.)的观点而建立的。

我们的程序中所使用的最重要的启发式原则是问题分解(problem factorisation)。所谓问题分解就是将最原始的、外表看来是复杂的问题分解为一系列能够处理的子问题。这些子问题可以是按顺序安排的问题,也可以是平行的问题。所提出的决策程序在两个方面使用。一方面,该程序区分出了必须一步接一步完成的步骤;另一方面,从第三步往后,在问题分析过程中界定出的子问题就可以平行解决或按先后顺序解决。

在运用问题分解方法的同时，还可以运用模式（modelling）原则，这个原则意味着在问题分解方法的帮助下界定出的子问题都要尽可能地给出范围，或者给出模式，这样就能使用已经证明的解决办法。启发式原则是第七步的基础：有好几种决策原理能够帮助建立选择的整体结果并能够解决第七步中的子问题。

另外一个重要的决策原理是子目标缩减原则（subgoal-reduction）。这项原则提出，在完成了一系列相关的比较简单的目标之后，可以得到一个复杂的目标或目标系统。这个原则在程序中的第四步得到遵循。在这个步骤中，操作者被要求选择代表最初目标系统的标准并同时评估所得到的选择方案。

具有产生和验证（generate-and-test）属性的启发式原则要求新的解决办法必须不断地产生出来，直到找到一个满意的方案。或者直到操作者肯定再也找不到更好的方案了。在决策程序中，这项原则被使用在启发式决策程序循环中的第七步到第三步：如果对该选择的全面评估得出的是一个不满意的结果，就必须寻求进一步的解决方法并对其进行评估。只有确定没有更好的解决方法时才能放弃。

与启发式决策程序相关的第五条原则是西蒙提出的有限的理性原则（bounded rationality）（1966. p.9）。这条原则认为，应该寻求一个满意的解决方法而不是最佳的解决方法。与此相适应的是，操作者必须界定出一个目标水平（target level），在这个水平上应该取得能够接受的解决问题的方法。一旦选择方案达到这个目标水平,解决问题的程序就会立即中断。在我们所推荐的程序中,有限的理性启发式原则被运用到第7步中:如果其中的一个选择与目标水平相符合,那么对于选择方案的追寻就被终止。然而,一个目标水平如果只被界定了一次是不够的。在经过严密的研究之后证明目标水准是无法达到的话,操作者就不得不对它进行重新审视。另一方面,如果在第一轮产生出的几种选择超出目标范围,操作者就应该对可接受的解决方法提高屏障。

第6章 确定并分析决策问题

§6.1 概述

在第6章里要解释一般启发式决策程序的前两个步骤。图表6.1指出了决策程序中的各个步骤并界定出了需要解决的最重要的子任务。

§6.2 确认已发现的决策问题

任何一个决策程序的起点都是假设企业最重要的目标没有实现（即战略管理中的"威胁"），或者最重要的目标还可以改进的情况（即"机会"）。因此"决策问题"这个术语被看做是中性的，既有威胁的问题，也有机遇的问题。

决策问题可以借助于问题搜寻系统而发现，也可以被临时界定出来。关于问题搜寻系统及其类型已经在前面的§2·3中讨论过了。临时界定出来的问题多多少少来自于"对环境"的偶然观察，所以不能说哪一种是普遍有效的：

- 决策者所受的教育和已有的经验是非常重要的：一位经理接受的

第Ⅱ部分 一般启发式决策程序

图表 6.1　一般启发式决策程序中的第一个步骤和第二个步骤

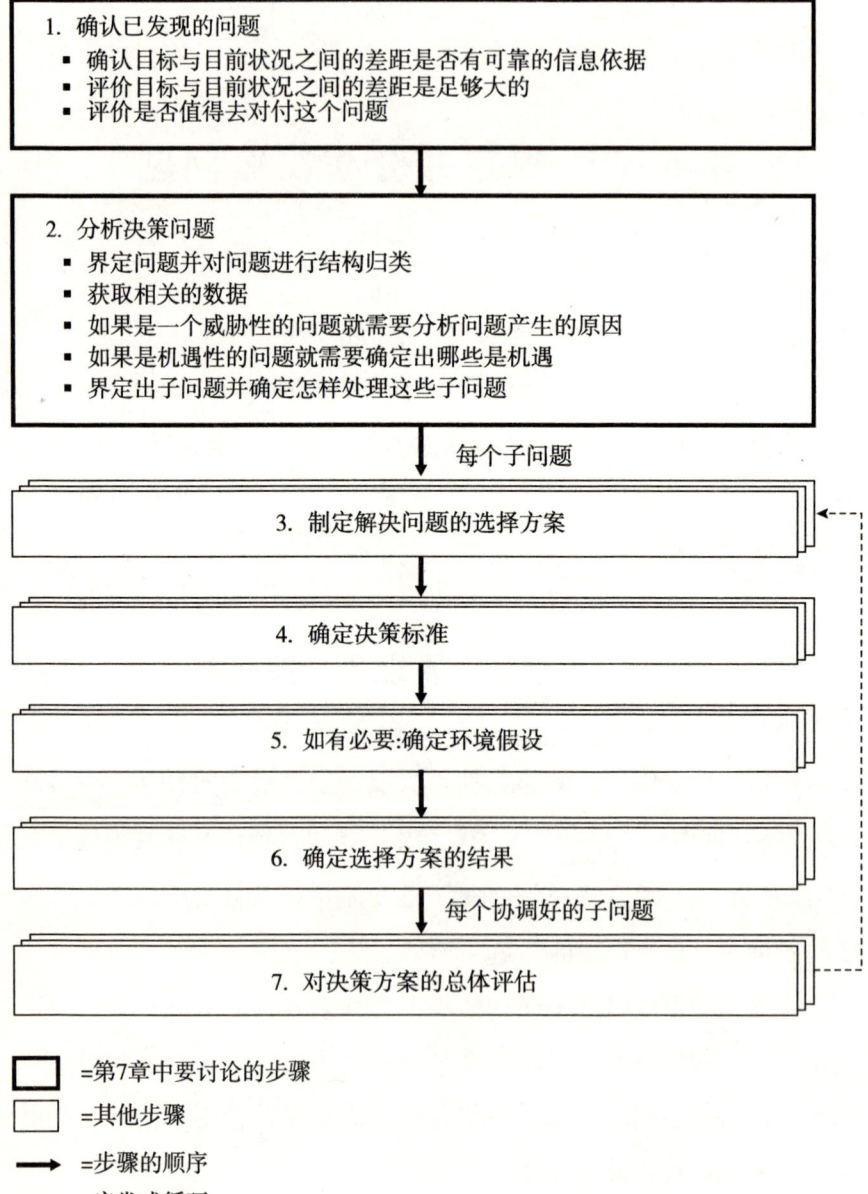

第6章　确定并分析决策问题

培训越多，他的经验就越丰富，也就越能够尽早地发现问题。与员工交谈、阅读文件和顾客访谈等方式都能够偶然发现问题。

- 决策者的开放程度与偶然发现问题之间有着某种联系。与他人的对话、文件和访问等都只能显示出面对的机遇和威胁以及那些对他们来说属于公开的相关决策问题

根据系统程序和偶然发现的问题都导致决策程序的启动。在着手解决问题之前，首先应该对第一个步骤提出以下三个问题：

- 区分目前环境和目标状况之间差距所依赖的信息是否可靠？
- 目前状态和目标状态之间是否真正存在很大的差距？
- 被发现的决策问题是否值得认真对待？

回答好这三个问题能够确认已被发现的决策问题，并且能够避免在仅凭想象得到的决策问题和并不重要的决策问题上投入精力、时间和财力。

第一个问题关系到所得到的有关目前态度的信息是否可靠。如果操作者不是亲自获得信息，那就无法判断信息的质量，因而需要对其进行检查。例如，当一个带有威胁性的问题被怀疑是由于工作吸引力（attractiveness of jobs）的下降造成的，那么就必须对工作吸引力的确定方式进行澄清：对工作的描述是否建立在对该项工作的系统的调查之上？在调查中是否将重要的工作吸引力内容都包含进来了？参与调查分析的工作人员是否能够在不顾及上级或同事的反应的情况下作出他们的陈述？我们只有在对目前状况进行了相当可靠和完整地分析陈述之后才可以谈论一个问题。

第二，操作者必须确定目前状态与目标状态之间的差距是否很大：

- 如果在发现问题的过程中使用了目标指数的问题搜寻系统，那么这个问题就能够比较容易地得到回答。在这种情况下，操作者通常会产生"正常"和"非正常"的概念。图表6.2就是使用累计目标营业额（accumulated target turnover）来确定一个产品群存在哪些问题的例子。在这个例子中，±10%的误差被认为是正常的范围，由容许极限（tolerance limits）来表示。3月份和4月份的营业额高出预算，这说明不存在问题。到了6月份，累计营业额下降到容许极限的下端，7月份又超出了最低极限，这说明公司业务出现了问题。

图表6.2　用目标累计营业额的方法发现问题

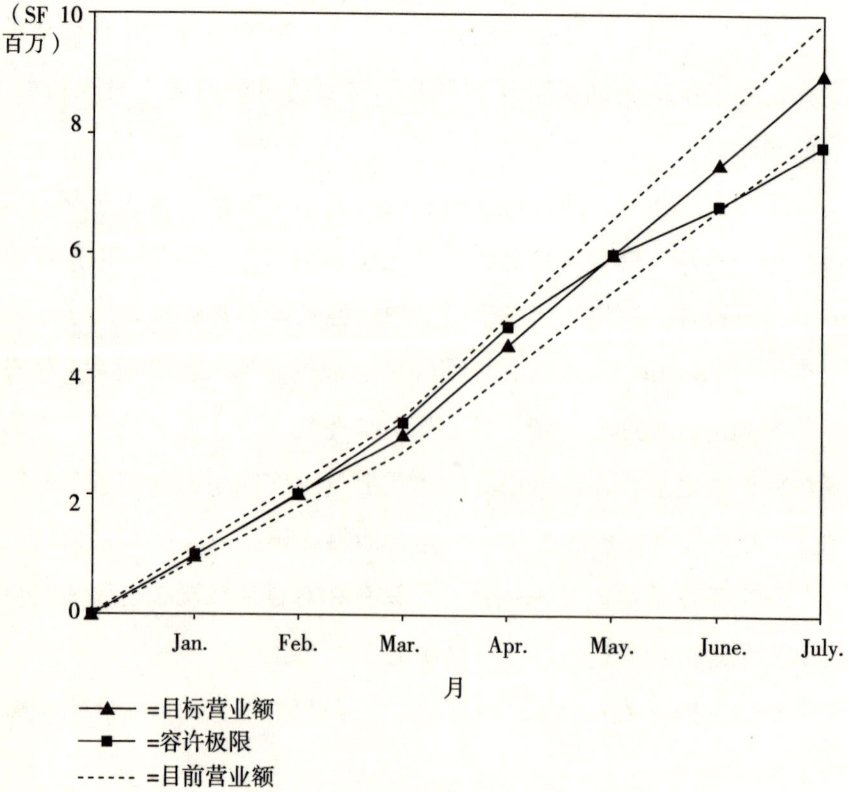

（SF 百万）

▲ =目标营业额
■ =容许极限
------ =目前营业额

当问题是偶然发现的，第二个问题就比较难以回答。在这种情况，目标环境和目前状况都只能用模糊的语言来描述，这意味着很难评价两者之间的差别是否真的很重要。比如当一个机械制造企业的 CEO 在展示会上面对其最强的竞争对手的最新产品时，企业所需要采取的行动是很难界定的。除了新的设计，那些机器的与众不同之处是什么？那些技术革新对于顾客来说是很重要的吗？哪些顾客会愿意付更多的钱去买竞争者的新产品？只有当这些问题得解答之后才能确定目前状况和目标状况是否出现了矛盾。

最后，需要确定的是目前状况与目标状况之间的差异是否值得去解决。按照总的原则，必须对两者之间的差异进行分析并努力消除或减少这些差异，前提是这样做的成本小于它将带来的利润。然而，在这个成本和利润都还无法准确说明对问题进行确认的阶段，第三个问题只能得到大概的回答。尽管如此，在组建一个小组来分析这个问题之前，花费一些时间计算一下这样做的成本和所期待的回报毫无疑问是一个合理的行动。

§6.3 分析决策问题

6.3.1 介绍语

所发现的问题应该在第二个步骤中得到很好的理解，这样才能在第三个步骤中制定出预想的解决方案。经验表明，第二个步骤对于一个成功的决策来说往往是最重要的一个步骤，同时也是最困难的一个步骤。

- 对问题有深刻的理解是非常重要,否则下一个步骤中所作的选择很可能会集中在错误的领域或采用错误的方式进行。也许这些错误会在随后的评估阶段被发现并得到纠正。在这种情况下,操作者所做的就是许多不必要的工作。但是如果错误没有被发现,那么操作者最终所做的就是为一个根本不存在的问题或不重要的问题选择了一个最好的解决办法,而重要的问题却没有得到解决。
- 问题分析是一个很难的步骤,因为每一个决策中的问题都有一个独特的结构,也就说不可能提供既有普适性又有针对性的方法上的支撑。既然只能提供相对抽象的方法,在大多数情况下,操作者在确定问题的结构时不得不依靠他自己。

第二步的工作因此是一个特别复杂的工作,另外还往往需要花费大量的时间和财力,正因为如此就更需要使用启发式程序,并将它们细分为几个子任务。依照这个理念,图表6.3区分了四个子步骤:

图表6.3 问题分析中的子步骤

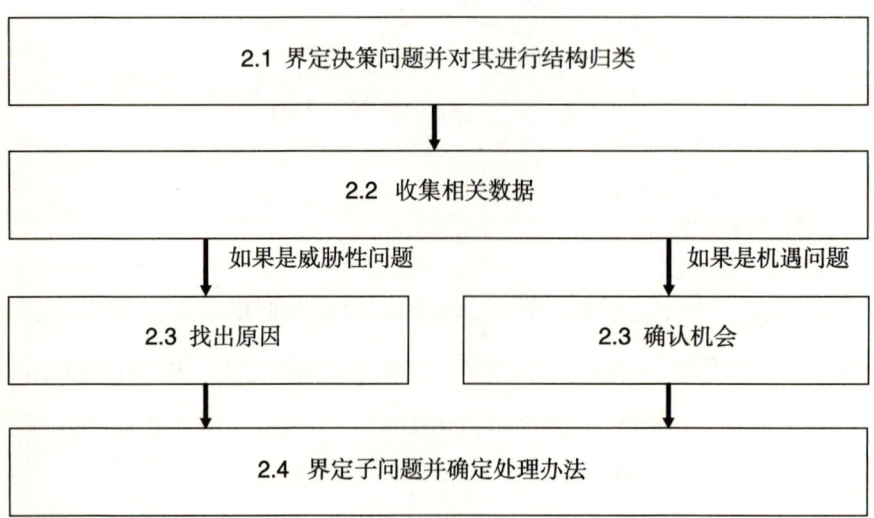

第6章 确定并分析决策问题

- 结构化的问题分析要求操作者十分了解哪些是形成威胁性问题和机会性问题的因素。因此必须包含进来的公司的活动和环境因素都必须得到认定。这就是子步骤2.1的任务。
- 子步骤2.2涉及数据的收集,这是一个费用较高的环节,但对于了解决策环境来说也是极其重要的。
- 在子步骤2.3中,针对威胁性的问题和机遇性的问题进行了不同的任务分派。对于威胁性的问题必须分析问题产生的原因。对于机遇性的问题,必须确认已经发现的机会。子步骤2.3是问题分析中最关键的部分,它之所以重要,是因为在这个部分必须寻找解决问题的起点。一般决策制定的文献中都首先讨论对于威胁性问题至关重要的原因分析。相比之下,假设的机遇的确定往往被忽略了。
- 复杂的决策问题一般都被分为较为简单的子问题,这些子问题可以根据它们各自的独立程度和紧迫程度分别进行处理。

在下面这个部分,我们介绍了四个子步骤。

6.3.2 界定决策问题并对其进行结构归类

如图表6.4,决策环境可以比做一座冰山,可见的冰山顶相当于问题发现系统中的问题指数,也相当于偶然发现的问题中对威胁和机遇的初略界定。对于问题的处理起始于子步骤2.1,这个步骤对冰山进行了界定和结构归类。这样,必须包含进来并需要分析的公司的活动和业务环境就被确定下来了。

问题指数(problem indicator)或者初略界定的威胁和机遇都被作为界定问题的参考。比如对于一个特定产品群的边际贡献来说,问题指数并没有达到预期的目标值。在这个威胁性问题中,将相关的销售市场和市场范围考虑进去是非常合理的。另一方面产品群的成本及其驱动因素也是不能忽视的。

在企业管理问题中：

- 特殊的市场（销售市场、采购市场、金融市场、就业市场等）和
- 特殊的功能和任务（市场营销、人力资源、生产、采购、财务等）往往都是有关联的。

根据图表6.4展示的，操作者必须确定可能会影响决策问题的因素。这些因素通常包括公司和利益相关人群的特点（客户、竞争者、供应商等）。设施、资源和职工的行为表现都必须考虑进去。决定操作者行为的态度、价值观和技能也是非常重要的。

图表6.4　用冰山比喻决策问题

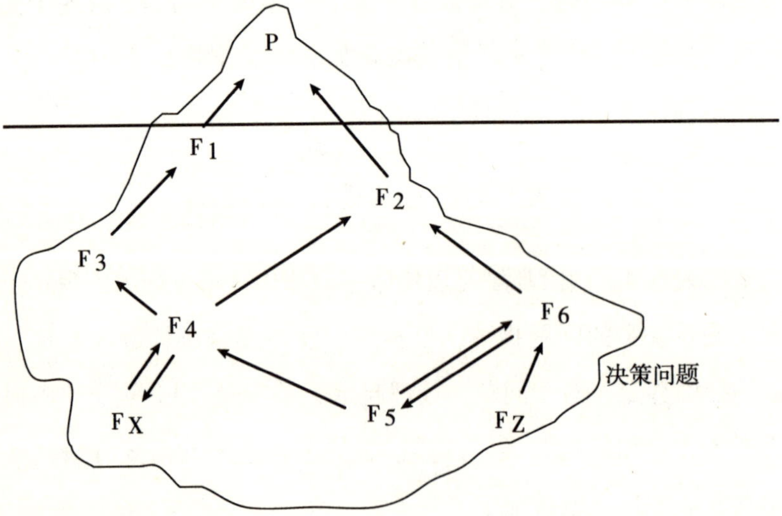

P = 已经发现的问题
F = 影响机遇和威胁的因素
⟶ = 假设的依附性
⇄ = 假设的相互依附性

第6章 确定并分析决策问题

对决策问题进行有意识的界定并确定可能的影响决策问题的因素是子步骤2.2中数据搜集的指导思想。在许多决策问题中，数据搜集占到全部费用的60%到80%。因此，提前将决策问题清晰地界定出来是非常重要的。

如果操作者将不同的因素之间的关系看做是依附关系和相互依附的关系，那么他对决策问题的理解就会大大加深。因此用图表的形式描述已发现的问题和可能的影响因素之间的联系是有意义的。图表6.4中的箭头和双向箭头代表了问题的依附性和相互依附性，它们都必须在未来的问题分析中得到核实。波特（Porter）将这种粗略的决策模式称作框架（frames）。(Porter，1991. p. 97 ff)

图表6.5通过一个大型的半官方公益服务公司的问题分析说明了这个框架。这家提供公益服务的公司一直以来存在问题是，没有足够的合格的申请者到公司应聘诸如中高级管理者、工程师、IT专家这样的"白领"职务。管理层认为公司在就业市场上没有向毕业生做足够的形象宣传。因此重点分析领域锁定在针对技术工人的劳动市场特别是大学毕业生的就业现状上。正如图中数字所显示的，负责这项工作的项目小组决定对包括"蓝领"在内的整个劳动市场进行分析。这样做的理由是服务公司"蓝领"申请者的质量和数量都不成问题，因此把两个子市场进行比较将会对问题本身有一个深入的了解。

对于机会性问题，带来机会的所有因素都必须确定下来。不论假设的机会是否是真实的，不论公司是否有能力利用这些机会，都是如此。图表6.6说明了一个业务广泛的集团公司针对潜在的收益进行的分析。该集团必须确认购买一个光电系统是否意味着一次机会。

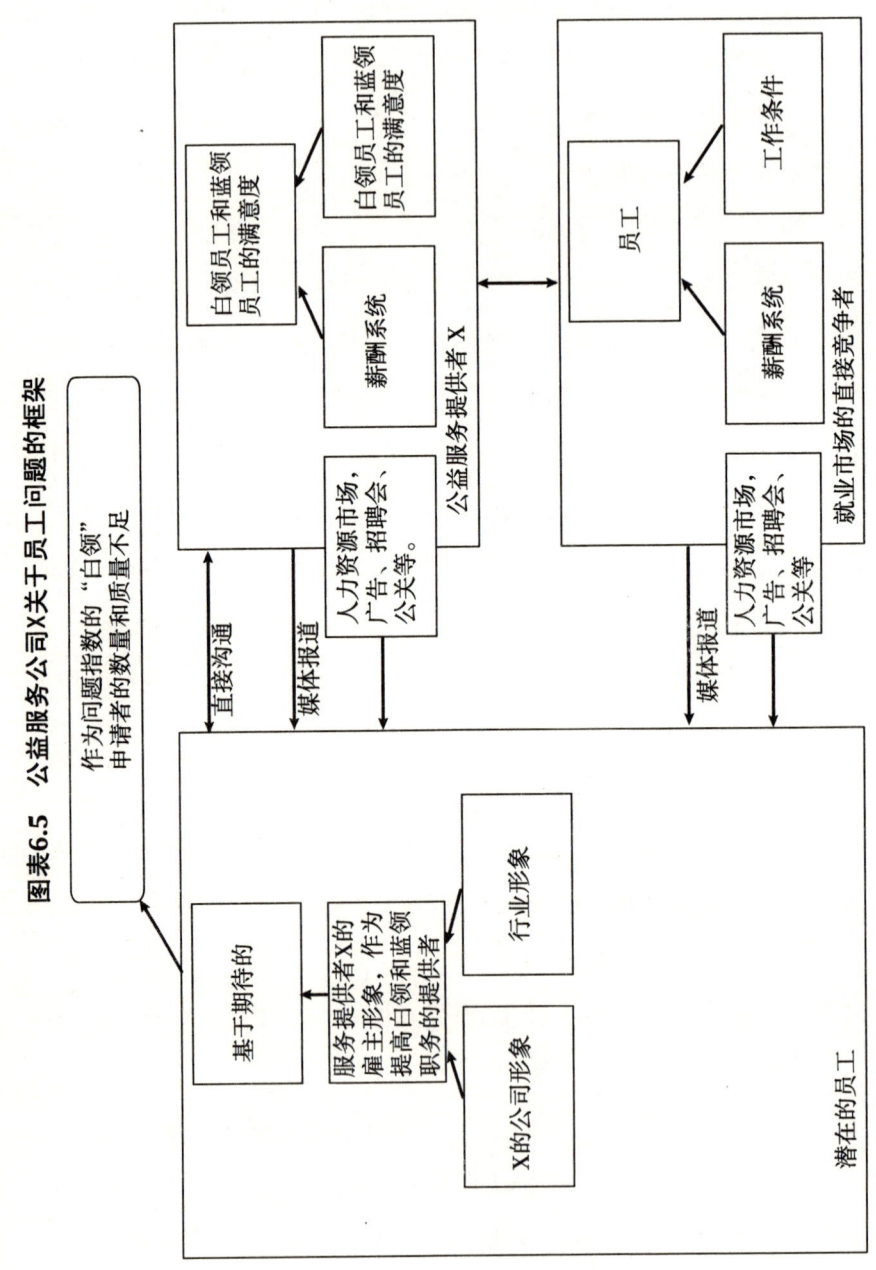

图表6.5 公益服务公司X关于员工问题的框架

第6章 确定并分析决策问题

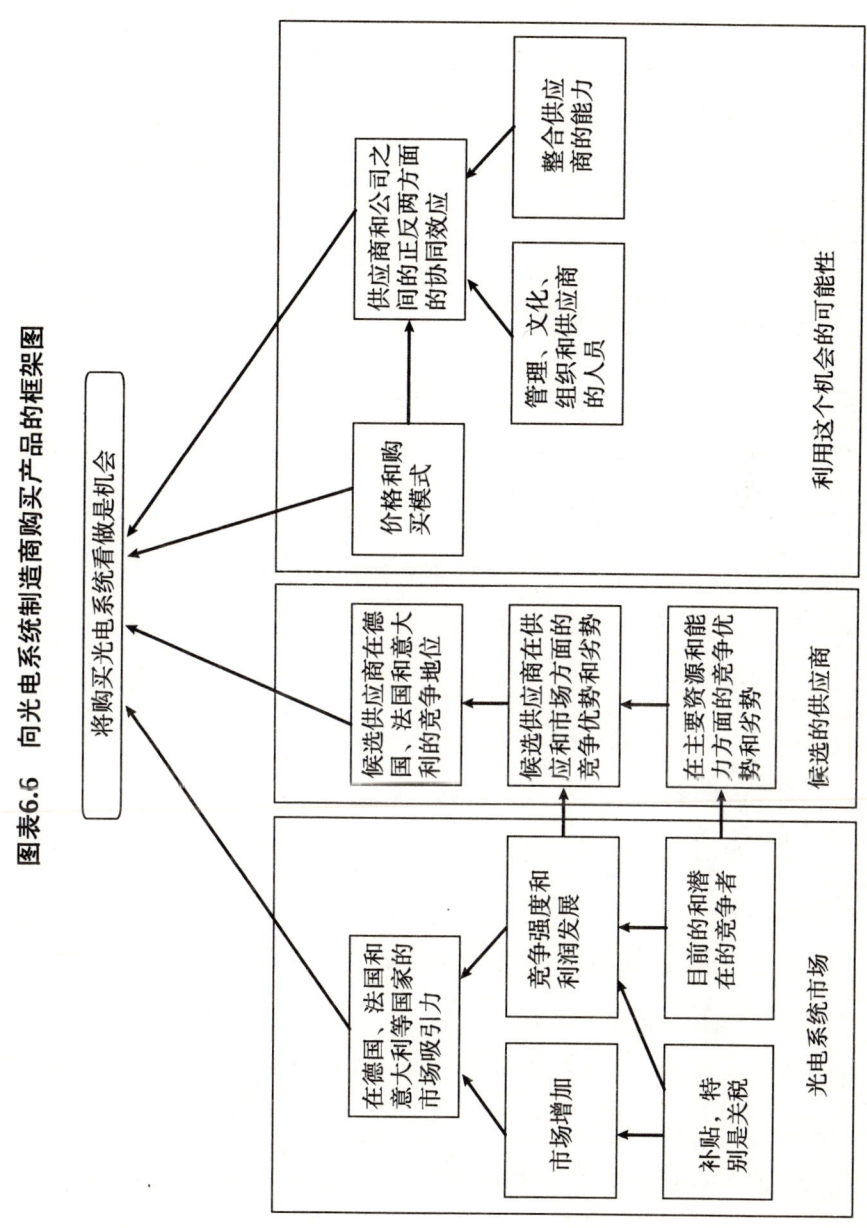

图表6.6 向光电系统制造商购买产品的框架图

该集团已经在西班牙和意大利开展了光电系统的业务。然而,在这两个国家所占的市场份额都很小。这家光电系统供应商在德国、法国和意大利有着更大的市场份额,因此很清楚,在评估集团的机会时,必须把成本协同效应(cost synergies)和市场协同效应(market synergies)都考虑进去。

6.3.3 收集相关的数据

子步骤2.2的任务就是收集与决策问题相关的数据。数据的收集是建立在先前制定的框架之上的,同时考虑影响因素(influencing factors)。但是框架和影响因素只是被当做一种指导,而不是必要条件。很有可能在数据搜集的过程中,还需要分析附加的影响因素,有时还会发现,已经整合到框架中的影响因素与决策问题毫不相关。

在许多情况下,子步骤2.2在整个决策程序中是耗费财力最多的子步骤,因此很值得将具体细节都事先策划好,特别是要检查哪些影响因素已经在公司的辅助数据(secondary data)中出现。

关于申请人不足的问题,内部的研究结果表明,在研究"员工满意度"和"公司形象"等因子时,完全依靠经验的研究仍然存在。因此需要检查的最重要的因素就是"雇主X的形象"和"最重要的直接竞争者的人力资源市场"。接下来应该寻找那些关于直接竞争者工作条件和薪酬系统的数据,将它们与本公司的工作条件和薪酬系统进行比较,这一点是没有疑问的。进一步讲,X公司的新闻办公室有一个关于公司媒体报道的资料库,这样可以把有关劳动市场的报道筛选出来并对其作评估。由于公司的CEO将公司的"申请人问题"提到战略高度,所以"雇主的形象"又在专门的经验式研

第6章 确定并分析决策问题

究中得到进一步检验,"人力资源市场"因素在就业招聘会上通过系统报道而受到关注。

这个例子说明,投入到数据搜集上的工作量和精力根据问题的重要性而发生变化。一家市场调查机构的研究证明,解决"雇主形象"这个问题可以带来1500瑞士法郎的收益。由于这项研究没有将几个重要的直接竞争者考虑进去,因此采用了比较耗费财力的基本方法。

关于购买光电系统的机会问题,内部的资料搜寻成果不佳。与它在西班牙和意大利的竞争者有关的信息非常有限,本公司在这些国家活动的信息也非常之少。光电器材市场和候选购买者的市场地位被认为是最重要的研究领域。外部的调查结果显示,关于市场的调查报告可以当做辅助信息来使用。与候选购买商管理层的接触也能够大致了解到他们的组织、文化和发展历史,以及他们所处的竞争地位。至于购买之后的协同效应以及竞争优势和劣势,操作者主要依靠专家组的主观想法。

由于情况变化多端,子步骤2.2中的信息搜集程序必须根据不同的情况而定。但可以总结出一些一般性原则:

- 在进行耗费财力的信息搜集之前,需要对能够得到的公司内部的数据进行核实,这时有必要弄清楚这些信息是否够用。
- 如果信息不足,要确定怎样才能得到所需要的信息,并根据具体情况进行不同规模的投入。所谓不同规模的投入大致可以分为四种:(1)主观的经验和内部专家的知识,(2)重新评估内部辅助信息,(3)购买辅助信息和(4)凭自己的经验。自己的经验研究的幅度范围比较广,从与内部专家的交谈到小组讨论;从定性研究到有代表性的定量研究(Kühn/Kreuzer, 2006,

p. 37 ff.）。选择哪种层次的投入取决于被调查对象的重要程度和决策问题的重要程度。

6.3.4 在威胁性问题中确定问题产生的原因

处理威胁性问题的可持续的办法就是消除问题产生的原因，或者至少减少它们对公司目标的影响。操作者如果不了解问题产生的原因就制定方案，无异于医生仅凭症状就开处方。例如在竞争对手采用了进攻性价格手段时，立即降低自己产品的价格就是一个错误的对策。在降价之前必须认真研究较高的价格是否一定会导致较低的市场份额。

问题产生的原因可以用一种反向的推论法来确定。已发现的问题构成了决策程序的起点，决策框架则起到指导作用。连接影响因素的箭头代表假定的因果关系（cause-effect relationships）。于是"反向"就意味着从发现问题开始，程序就顺着反箭头的方向进行。在子步骤2.2中完成的数据搜集的基础上，作为问题产生原因的影响因素被确定下来。为了通过分析数据回到问题产生的原因上，操作者往往会利用自己关于因果关系的主观知识和经验。

在复杂的商业活动中很难清晰地界定出问题产生的原因。当问题的确很复杂时，很多附加因素与人的行为有关，也就是说是由社会和心理上的原因造成的，这就意味着很难得到确定性的内涵。比如在"申请者缺失"的问题上，许多诸如员工满意度、雇主的形象和公司的形象等心理因素起到很大的作用。对于这些因素的分析包含了所有经验式的研究结果的不确定性，因此对于这些因素的解释也不可能是精确的。如果只依靠有代表性的定量数据，将问题产生的原因用资料分析的办法来确定,比如用这样的方法来做回归分析(regression analysis)(Kühn/Kreuzer,2006,p. 168 ff.),那就不会产生任何有意义的结果。回归系数(regression coefficients)一般不会很大,不能满足一个清晰的结论。如果有代表性的的定量数据存在,就应该尽量利用它们,因为它们可以使主观评价的范围得到限制。

对于复杂的威胁性问题,子步骤 2.3 通常能够分析出几个问题产生的原因。这些原因之间部分是相互关联的,部分是独立存在的。在"申请者缺失"这个问题上就显示出人力资源市场的缺位和不尽人意的员工满意度导致了雇主形象的满意度不高。所有这些都影响到了申请者的选择,因此成为问题的原因。

管理学文献中都倡导反向问题指示法(backward-moving problem indication)。插页 6.1 介绍了三种被推崇的方法。这就是杜邦图解(Du Pont Scheme)、演绎树(deductive tree)和石川图(Ishikawa diagram)。

插页 6.1　反向问题指示法

当操作者碰到投资回报不足的问题时可以采用图表 6.7 中的杜邦图解帮助解决。它将投资回报分解成几个组成部分。比如与前一年相比,投资回报率下降的原因可以归结为较低的资金周转,反过来又导致了与销售相关的较高的营运资本(working capital)。尽管杜邦图解的使用范围是有限的,但在实践中它还是经常被采用。投资回报在评价公司的财务状况或业务战略时是经常使用的指数。然而,杜邦图解只涉及了"财务面"

（financial surface），因此只能够对问题产生的原因作出初略的解释。为了找到隐藏在关键指数背后的原因，还需要作出深度的分析。

图表6.7 用杜邦图解确定问题产生的原因

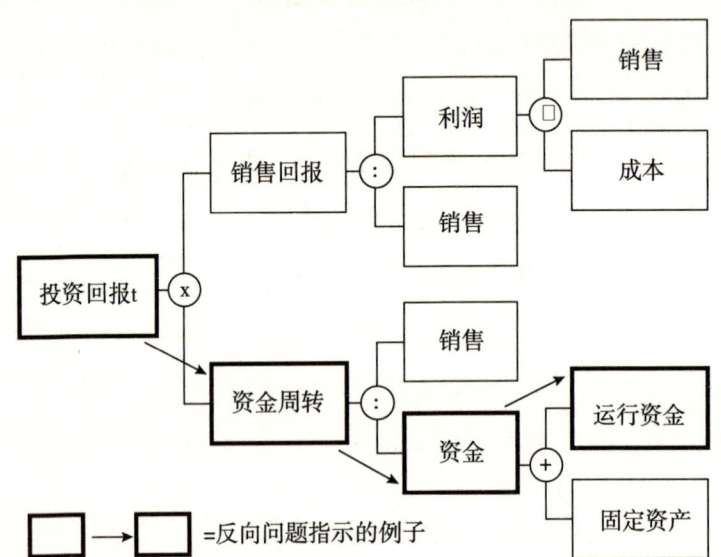

与杜邦图解不同，演绎树（Hungenberg，1999，p. 25 ff.）则是反向问题指示分析的一般运用程序。它将问题分解为不同的子区域（sub-areas），操作者可以将各个决策问题分派到不同的子区域当中，同时将不相关的领域排除在外。

当我们建立演绎树时，必须考虑到以下条件（Hungenberg，1999，p. 22 ff.）：

- 同一层次的陈述不可重叠，它们在逻辑上必须是独立的（=exclusiveness 排他性）。

第6章 确定并分析决策问题

- 一个层次上的陈述必须在下一个层次的相关陈述中得到全面的解释（=exhaustiveness 详尽性）。

例如，当我们分析一家制药厂研究部门的人员替换率大大增加这个问题时，就可以用图表6.8中的演绎树来表现。在演绎树的帮助下，我们可以追溯到问题的起因，至少在某种程度上是这样。虽然得到的信息，也就是员工替换率增加主要是由于大学毕业生特别是应用学科的毕业生的离职，但这并不代表最终的诊断结果，必须调查为什么这么多有着学术背景的研究人员离开公司。

图表6.8 关于一个研究部门员工流动率过高的问题分析演绎树

```
                    ┌── 退休           团队领导
                    │
                    ├── 内部晋升        大学毕业生
人员波动率 ─────────┤
                    ├── 接到解雇通     应用科学专业
                    │   知的雇员        的大学毕业生
                    │
                    └── 解雇           实验室工作人员

                                       其他人员

   □ = 演绎树的构成
   □ → □ = 逆向问题指示的例子
```

石川图也叫鱼刺图（fishbone diagram）（Joiner, 1995），它的表现形式又与演绎树不同，但是其基本理念是一致的，并且建立在两个相同的规则上。

图表6.9用石川图表现了一个零售点的案例，主要目的是分析顾客抱怨在收银台等待时间过长的原因。图表将所有可能的原因都一一列出，现在需要运用反向问题指示法找出最主要的原因。一般情况下可以分析出几个重要因素。正如图中所展示的，第二个层次中的原因可以作为解决问题的措施。

图表6.9　分析收银时间过长问题的石川图

（摘自 Joiner, 1995, p. 5 ff.）

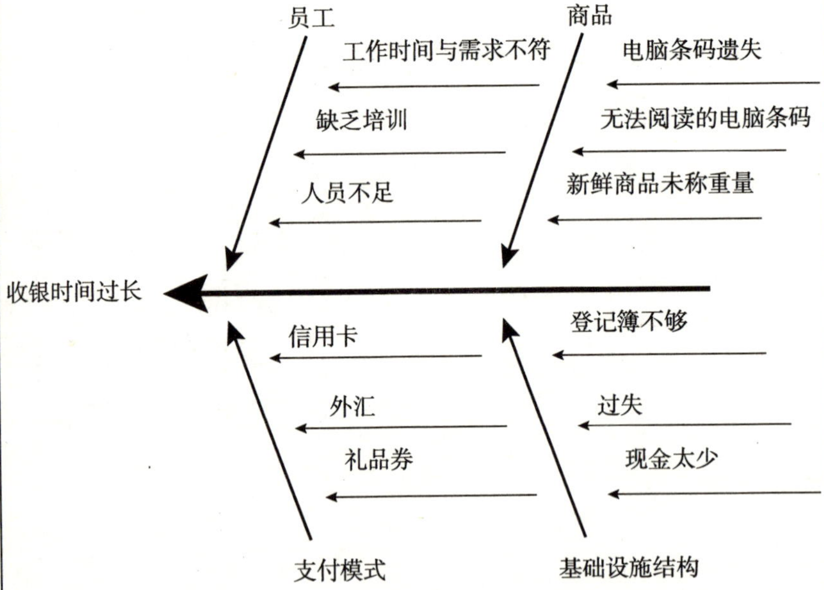

员工分支：工作时间与需求不符、缺乏培训、人员不足

商品分支：电脑条码遗失、无法阅读的电脑条码、新鲜商品未称重量

支付模式分支：信用卡、外汇、礼品券

基础设施结构分支：登记簿不够、过失、现金太少

主干：收银时间过长

最后有必要指出，在问题分析的过程中，还会逐渐暴露出一些额外的决策问题，这些问题也许与最初的问题毫无关系。这里我们举一个发现额外问题的例子：一位决策者发现了市场份额下降的问题，分析表明存在以下原因：市场营销组合（marketing mix）不再

第6章 确定并分析决策问题

能够满足顾客的需求。同时分析还显示了第二个原因：送货和顾客付款这两项工作之间存在滞后现象，这时操作者必须确定这样的付款形式是否是可以接受的，是否应该将现金管理合并到解决问题的方案当中。

6.3.5 在机会性问题中确认机会

在决策方法文献中，对机会的确认很少被仔细地讨论过。很明显关于确认机会的程序类似于对问题原因的确认。但是作者们认为各种不同的领域都应该考虑进去，主要理由是不同的参考资料受到不同的时间限制：威胁性问题的原因都是过去的，因此作者在寻找原因时都将目光投向过去。与此形成对照的是，机会总是存在于未来当中，因此机会性的问题只能将目光投向未来。

在现实中，对于不确定的机会投资通常是基于肤浅的判断之上的。它们常常被证明是没有意义的或者是没有用的。一个贴切的例子就是产品革新。发明者们总是对他们的想法确认无疑，并总是持乐观的态度，因此决定为产品进入市场进行必要的投入。其结果是革新并没有满足消费者的需求，因而不能产生足够的利润回报。

在确认一个机会时必须核实框架中的因素是否能够证明机会的存在。图表6.6中在调查购买光电系统产品的机会时，所有影响制造商吸引力和目标市场的因素都被认真检查。并且对于怎样利用机会的因素也必须认真检查。图表6.6在子系统"利用这个机会的可能性"的这个栏目中对它们进行了总结。

从根本上来讲，在确认一个机会是否是真实的机会时，要区分出两个因素：

- 影响已经存在的机会和潜在机会的因素，这被称为机会—潜能因素（opportunity-potential factors）。
- 影响利用机会的能力的因素，这被称为机会—利用因素（opportunity-exploiting factors）。

有时机会往往会不成其为一个机会，不是因为它的潜在性不够，而是因为一系列负面的机会—利用因素。

当由于对机会—潜能因素和/或机会—利用因素做出的负面评估而导致无法确定机会时，应该停止这项决策程序。

6.3.6 界定子问题并确定子问题的处理程序

在众多的特征中，复杂的问题总是存在一个非常重要的特征，那就是为了减少和克服已经发现的目标状况和现实状况之间的差距，操作者需要考虑各种不同的因素。比如在"申请者缺失"这个决策问题上，人力资源市场、工作条件的改变、薪酬系统的调整以及沟通能力的提高等都应该考虑到。因此，操作者在必须同时考虑并评估这么多问题时往往会感到不知所措。

鉴于这种情况，我们极力推荐将问题进行分解的启发式原则（见插页5.1），将问题细分为若干个子问题。对于每一个子问题来说，步骤三到步骤七都是独立完成的，这就增加了将这些子步骤成功解决的可能性。

比较理想的情况是，子问题用启发式程序的模式来界定（见插页5.1），这样操作者就能够依靠已经证明有效的决策制定模式和方法。在"申请者缺失"的例子中，子问题可以做如下分解：

- 改进工作条件

- 重新设计薪酬系统
- 重新设计人力资源市场
- 重新审视沟通理念

一般来讲，共有两种类型的子问题：

- 子步骤2.1到2.3中所分析的子问题，被称为特定内容的子问题（content-specific sub-problems）。
- 如果一个问题，或者是一个特定内容的子问题过于复杂，那么子问题就按照方法论的形式构成。在这种情况下，需要先对第一个子问题作出初略的判断，然后在第二个子问题中，对初略判断下形成的选择方案进行细化，这样就有条不紊地对子问题做出了界定。

在威胁性的问题中，问题产生的原因是界定以内容为依据的（content-determined）子问题的最重要的基础：

- 如果问题产生的原因之间没有或者只有非常有限的相互依存关系，那么就会产生独立的子问题。
- 对于有着高度依存关系的决策问题，在因果关系链（cause-effect chain）中处于最前端的问题原因被最先解决。在"申请者缺失"的例子中，子问题"工作条件"和"薪酬系统"必须首先处理。这两个问题的改进成为解决"人力资源市场"和"公司形象"的基础。

是否需要将特定内容的子问题进一步分解为按照方法论形成的子问题需视问题的复杂性而定。

在处理机会性问题时，必须在步骤三到步骤七中确定能够确保利用机会的最佳方法。既然各种各样的方法通常都是有必要的，问题分解的方法在机会性问题中通常也是值得一试的。

最后，应该着手解决所分析出来的子问题。假设有两个子问题，那么就可能发生以下三种情况：

- 子问题可以不依靠另一个问题而得到独立解决，因为它们互相不关联。§6.3 节中的市场组合问题就属于这一类，其中的分析也暴露出"流动资金管理"不足的问题。由于两个问题在内容上没有关联，从理论上说操作者可以同时平行地处理这两个子问题。但在实际工作中，为解决问题的工作人员所安排的时间和财务资源都是很有限的，所以操作者必须根据问题的轻重缓急来分别处理。问题紧急的程度取决于子它们的重要性和它们所带来的风险的大小。

- 两个子问题之间存在着单向的逻辑上的关联，因为解决一个子问题要求另一个子问题首先得到解决。在解决问题的过程中，子问题可能会以等级式的结构出现，紧急的问题则与此无关，因为不可能在解决了处于上层的问题之后再合理的解决处于下层的问题。请看这样一个例子，一个公司已经发现在自己销售部门的上层缺乏激励机制。通过问题分析发现了两个原因：一方面销售人员没有足够清晰的目标；另一个方面是薪酬系统没有产生激励效果，因为与绩效挂钩的薪酬所占的成份太少。由于具有激励作用的薪酬系统能够确保更好地实现目标，在解决这两个问题时就出现了一个明显的顺序上的安排，也就是说必须首先解决目标问题，然后再审视薪酬系统。根据方法论确定的子问题几乎都存在单向的逻辑联系。

- 如果子问题之间相互关联，而不是单向的依存关系，那么在问

第6章 确定并分析决策问题

题的结构建立上就会出现更大的困难。这时操作者可以有两种可能的运作程序：第一种是同时平行地处理这两个子问题，然后再调整两个解决子问题的方案。另一种是暂时不考虑它们之间的互相关系，先建立一个问题的等级顺序。采用这种方法时，操作者需要建立一个循环圈（having loops），选择一个能够保证较高质量的解决方案，并高效地解决问题。

图表6.10总结了问题结构的三种情况。

图表6.10 两个子问题可能呈现的问题结构

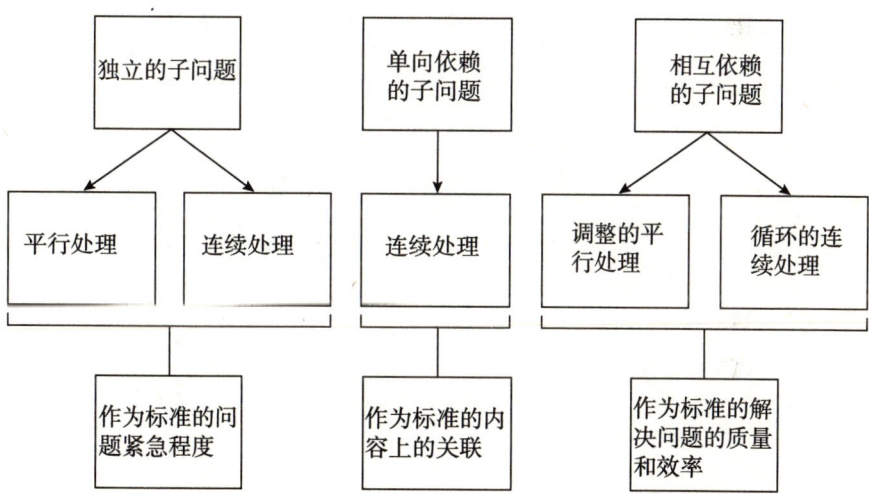

第7章 制定并评估选择方案

§7.1 本章概述

第7章主要讨论一般启发式决策程序的第三个步骤到第六个步骤。图表7.1说明了这四个步骤并解释需要处理的最重要的任务。

§7.2 制定选择方案

7.2.1 介绍语

一般启发式决策程序的第三步就是制定选择方案。可以将它们分为三个子步骤，用图表7.2表示。

7.2.2 确定边界条件

在制定选择方案之前，界定出边界条件（boundary conditions）通常是很有意义的。边界条件将操作者的行为和措施排除在外，同时外部的资源也受到限制。比如到一个新的地方扩大市场时，投资的规模可以受到限制，这样就避免了制定出在财务方面无法实现的决策方案。

第7章 制定并评估选择方案

图表7.1 一般启发式决策程序中的步骤三到步骤六

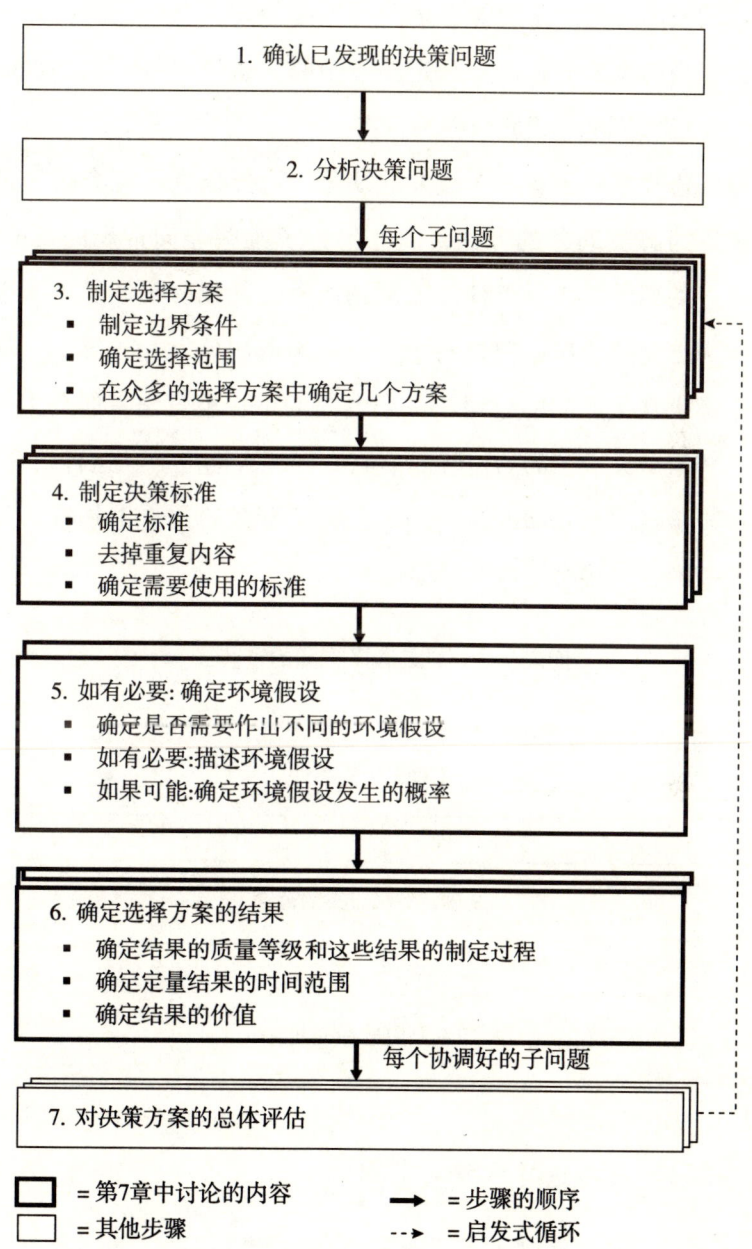

第Ⅱ部分　一般启发式决策程序

边界条件限制了选择范围，因此可以降低接下来将要进行的程序制定的成本。当由于资源不足的原因必须将某些好的解决方案排除掉，或当解决方案超出了预定的指南时，边界条件还能够保证操作者的积极性不至于因此而受到打击。

然而边界条件也有一个重要的缺陷：边界条件可能会排斥创新的、激进的解决问题的方法，因此阻止了某些非同常规的（out of the box）的想法。边界条件的限制越严密，就越有可能发生所选的方案最佳化的情况，但这对于可持续地解决问题是不够的。如果一个生产大众化产品的公司在一个萎缩的市场上竞争，那么生产特殊产品和重新设计产品的包装都不能最终解决问题。在这种情况下，将自由现金流（free cash flow）编入决策方案的预算中是极其重要的，这时的自由现金流应该是很低的。

图表 7.2　制定选择方案的子步骤

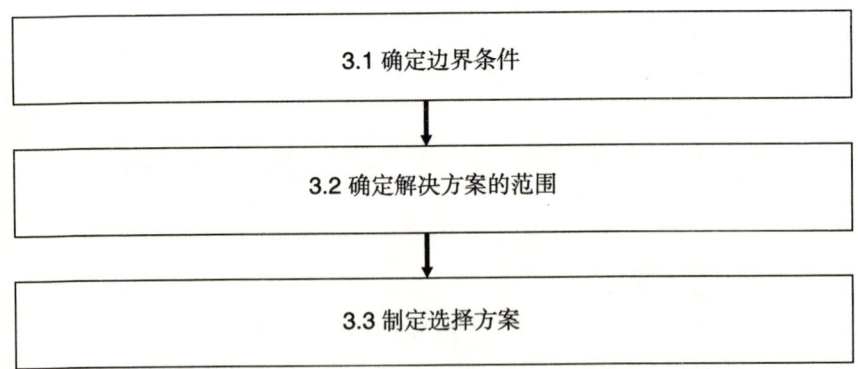

7.2.3　确定选择方案的范围

子步骤 3.2 大致描述了选择方案的范围（solution space），这项

第 7 章 制定并评估选择方案

任务的基础是步骤 2 中所讨论的问题分析和子步骤 3.1 中的选择方案的边界条件。选择方案的范围对所有可能的决策方案提出了总体看法，同时又排除了某些解决问题的对策。

为了把握好决策问题的选择范围，必须界定出主要的决策变量（decision variables）及其特征。决策变量是操作者能够控制的杠杆，在一个威胁性的决策问题中，决策变量能够排除或至少减少问题产生的根源。在一个机遇性的决策问题中，决策变量可以影响机会—潜在因素和机会—利用因素。

制定决策方案范围的程序取决于决策变量的数量。

- 最简单的决策问题只存在一个决策变量。简单的投资决策就属于这种情况。如果需要购买更多的机器来扩大生产量，唯一的决策变量就是不同的生产商提供的不同产品。如果一个决策问题被分为一个粗略的决策的和一个详细的决策，那么粗略的决策在许多情况下是建立在单一的决策变量上的。比如在为一个新产品设计营销理念时，粗略的决策只确定出主要的目标市场分类（targetmarket segment）。

- 如果决策变量及其特点的数量有限，那么决策选择范围就能够清晰地表达出来。我们可以采用兹威齐（Zwicky）的形态矩阵图（morphological box）（Zwicky, 1966, p. 14 ff.）来处理这个问题。这种方法用一个矩阵图来展示一个目标的维度及其特征。竖轴是目标的维度，也就是我们所说的决策变量；横轴表现的是决策变量的价值。如果想要制定出创造性的解决方案，我们特别推荐借助于形态矩阵图做出的关于决策选择范围的确定。所有可能的特别是新奇的决策变量的特征都是相关的。我们用插页 7.1 来说明用形态矩阵图开发新产品的例子。
- 在很多设计型的决策问题中，决策变量及其特征的数量太大，但仍然可以用形态矩阵图来对其进行系统分析。这时选择的范围只是通过为最重要的决策变量命名或者使用专业术语的方式大致区分出来。比如当一位决策者打算为一个产品群制定战略方案时，他就需要使用以下决策变量：（1）目标市场地位，（2）产品的竞争优势，（3）作为制定选择方案基础的资源优势（见 ROM 模式，Grünig/Kühn, 2011, p. 11）。再比如，一位需要为新产品制定市场销售计划的决策者必须了解什么是"市场组合概念"。对管理者的培训和相关文献的阐述（如 Kühn/Pfäffli, 2010, p. 18）足以使人了解选择方案的范围。

选择性问题的解决方案的范围通常比设计性问题的解决方案范围狭窄：

- 例如，如果需要购买一台加工硬金属块的机器，符合条件的选择方案在很多变量上具有相似的特点，其原因是边界条件的限制：需要购买的机器必须能够加工大块的金属，这些金属是硬金属合金。因此机器提供者的变量差别就非常小。
- 如果将一个大型的工业场地派作他用，那么情况就大不一样了。即便权威机构说明了具体要求，比如利用率的上限和/或下限，在选择方案中仍然存在大量的决策变量。如使用的类型、综合使用还是将场地分割开，以便作为不同的使用目的、对现有厂房是重新使用还是将它们拆除、通往场地的道路设计和修建等都必须考虑进去。

插页 7.1 运用形态矩阵图的案例

（选自 Kaufmann, Fustier and Devret, 1972, p. 191 ff.）

一个电子保险丝生产商看到可以通过扩大产品范围而增加市场份额的机会。在做问题分析的过程中，他认为新产品的主要特点是主要的子问题。

图表 7.3 展示了怎样用形态矩阵图制定保险丝决策计划。从图中可以看到，保险丝在四个维度上存在差异，我们可以从维度上区分出两个和六个特征。

在 72 种理论上可行的保险丝产品中，有 25 种在技术上不可行。技术上可行的方案中又有 7 种已经被竞争者和生产商自己开发出来了。这样就还有 40 种技术上可行的选择方案。

图表 7.3 用形态矩阵图制定保险丝生产决策计划

（选自 Kaufmann, Fustier and Devret, 1972, p. 191 ff.）

维度	特点				
绝缘程序 W	绝缘电子管 W_1			非绝缘电子管 W_2	
电子管类型 X	胶木电子管 X_1		塑料电子管 X_2		铸造电子管 X_3
连接器 Y	用锌焊接的连接器 Y_1			无筋连接器，用热焊接制作 Y_2	
假脱机的类型 Z	Z_1	Z_2	Z_3	Z_4	Z_5	Z_6

Z_1 = 标准钢线和彼得森卷

Z_2 = 加固的，热焊接线和彼得森卷

Z_3 = 聚合钢线和彼得森卷

Z_4 = 标准钢线和自动卷绕钢丝

Z_5 = 加固的，热焊接线和自动卷绕钢丝

Z_6 = 聚合钢线和自动卷绕钢丝

7.2.4 制定选择方案

子步骤 3.3 中选择方案的制定对于单维度的解决方案范围来说是很容易的：在这种情况下，选择方案范围的特征就代表了选择结果。也许在这种情况下投入大量时间去发现令人关注的特征是值得的。比如在打算购买某个专门的机器时，值得花费时间去了解以前不知道的供应商。

与此不同的是，在应对有几个维度的选择范围时，制定最终的选择方案往往需要更多的时间，特别是在设计型的问题中更是如此。对于市场营销组合或组织结构的设计有时可能会耗费几个星期甚至几个月。根据问题的不同类型，在制定决策方案时往往需要创造性的和非常规的想法。在创造一个非传统的广告或为产品的包装做全新的技术设计时就会碰到这样的问题。针对这样的情况，管理学文献往往推荐诸如头脑风暴法（brainstorming）、脑写作法（brain writing）、共同研讨法（synectics）等（Nöller，2010）发挥创造性的技术方法。

尽管需要耗费巨大的精力也应该至少制定出两种选择方案，否则接下来的对选择方案的评价就毫无意义。然而制定至少两种选择方案的要求似乎比真实情况更困难：如果目前状况确实可能延续的话，就只构成一种选择。这时程序要求至少再制定出一个选择方案。如：一个国际信托公司总部的规模太小，需要在附近租借办公室，这种情况在未来的一段时间内还将持续下去，这时为了对选择方案进行评估，只需要增加一种选择：是否购买一栋比现在更大的办公楼。

第 7 章 制定并评估选择方案

将目前状况考虑进去提供了方法上的优势。在通常情况下,判断保持现状的结果比预测其他新提出的选择方案的结果更容易。因此将现状作为评估的基准并对其他选择的不同结果进行评价是很有意义的。

为了使操作者对第七个步骤中所提出的问题成功地选择出好的解决办法,有必要尽可能完整地将所有选择范围都包含在步骤 3 所制定的选择方案中。如果选择方案中只包括了一部分选择范围,最佳选择方案就有可能会隐藏在没有包含进来的范围当中。如果是这样,所选择的方案则远远不是最好的。图表 7.4 解释了这两种情况。

图表 7.4 涵盖良好和涵盖不良的决策选择范围

涵盖良好的选择范围   涵盖不良的选择范围

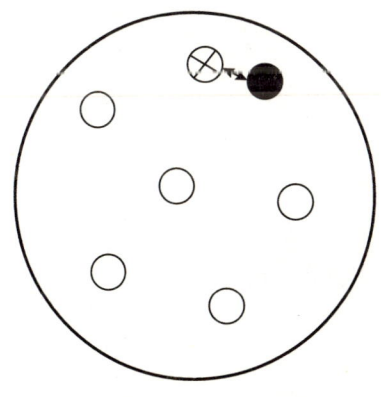
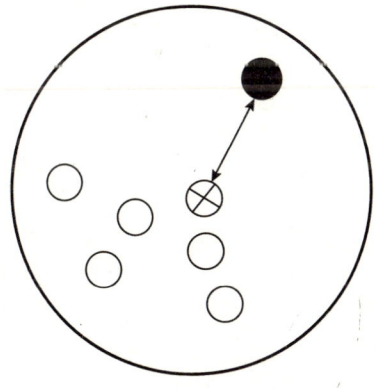

○ = 选择范围
● = 操作者尚不了解的最佳选择方案
○ = 步骤三中制定的选择方案
⊗ = 步骤七选择的方案
↔ = 最佳方案与所选择的方案之间的距离

然而，恰到好处地将选择范围涵盖进来并不要求涉及大量的选择方案。因为对于在步骤二中提到的每一个子问题，实际上最多应该制定和评估六个方案。如果多于这个数量，就会产生不同方案之间的差异过小的情况。

一旦出现了多于六种选择的情况，就应该采用启发式问题分解的方法，也就说分为两个不同的阶段来操作。为了达到这个目的，在第一个阶段中，确定出能够清晰地区分出来的"主要方案"，并将它们进行相互比较。这些方案通常代表了某种极限。在第二阶段，制定出一些次要方案用于帮助分清所偏爱的"主要方案"。这些次要方案有时会对在第一阶段中放弃的主要方案中的优点进行整合。例如，当公司所存在的问题是为销售人员制定出合理的薪酬制度时，在第一阶段要比较三个主要的选择方案："不与绩效挂钩的固定报酬"、"以结果为导向的绩效工资"和"与行为挂钩的绩效工资"。如果选择"固定工资"，那么在第二阶段里就应该讨论将重要的固定工资和有限的绩效工资结合起来这个次要的选择方案。

§7.3 确定决策标准

7.3.1 介绍语

由于目标的界定往往是相当模糊的，在将它们用来评价选择方案之前必须对它们进行说明和解释。因此，一般启发式决策程序中的第四步就要求对这种决策标准进行仔细界定。

第7章 制定并评估选择方案

所谓决策标准就是对某个特定的目标进行更详细的说明。通常在评价一个目标的选择时需要好几个决策标准。为了说明目标与决策标准之间的关系，我们应该看看下面这个例子。在这个例子中，目标是为了保证最佳的产品质量。如果一个专门为自己组装家用电器的爱好者提供零件的供应商必须判断他应该选择哪些产品范围的话，他就应该从产品的可靠性、功能特征和安全等方面来考虑产品的质量。相反，一个工具生产商则应该从自己生产的车床制造零部件的精确度来衡量自己产品的质量。

由于目标有时由一个以上的决策标准来表示，而操作者往往追求的是几个不同的目标，所以通常需要多个决策目标来评价选择方案。

在特殊情况下，对选择方案和评估建立在一个单一的标准上，我们称之为单价决策（univalent decision）。在更多的时候则可能存在几个决策标准，但是如果它们在计算方面相互关联的话，仍然会得到一个单价决策。一个关于产品范围的决策，其选择方案是根据每个产品纯销售量和每件产品的可变成本这两个标准来评价的，这时，选择结果的评估就可以平等地建立在两个不同的标准之上，也就是每个单位产品的净贡献（net contribution）之上。

如果需要用好几个标准来评价必须考虑进来的各种不同的目标，而这些标准之间又不存在计算上的关联，那么这种情况叫做多价决策（polyvalent decision）。复杂的决策问题基本上都属于多价决策。

步骤四中的决策标准需要用三个子步骤完成，图表7.5对此做了说明，并接着进行了详细讨论。

图表 7.5 确定决策标准的子步骤以及结果的类型

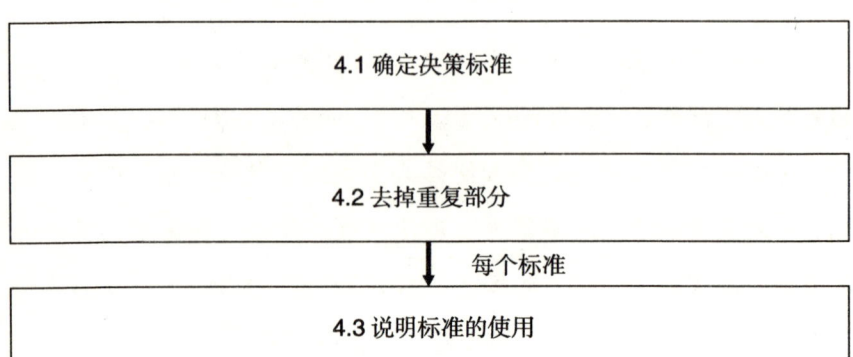

7.3.2 确定决策标准

针对所追求的目标,决策标准被安排在子步骤 4.1 中。通常一个决策标准应该满足两个条件。

一方面,决策标准必须涵盖所指定的目标,或者至少涵盖目标的一部分。如果决策标准"每工时制造的件数"(unit per man hour)被用来评价理性投资的生产效率的话,这个条件就得到满足了。通常为了完全地代表一个目标需要好几个决策标准。比如取得较高的顾客忠诚度这样一个目标就可以通过顾客回头率和顾客愿意向他人推荐供应商来衡量。为了全面了解情况,应该同时采用两种决策标准。

另一方面,决策标准应该能够评价选择方案,这就要求对决策标准的含义有清晰的概念,所有参与决策的人员对此都应该了如指掌。

7.3.3 消除重复部分

在复杂的决策问题中对于选择方案的评估几乎都是以好几个决策标准为依据的。这些标准应该在很大程度上相互独立，也就是说，它们不能够相互重叠，否则操作者就等于在没有意识到的情况下使用了两套决策标准来衡量同一个决策方案。当然，如果用两套标准衡量都得出同样的结果，那么这个选择方案就是好的。

要消除重叠的内容，首先要界定出重叠的部分：

- 一旦有了精确的决策标准，我们就能够发现是否存在相同的内容。在边际贡献和利润之间就存在这个问题。边际贡献是指销售额减去可变成本之后的余额。在计算利润时，固定成本被扣除。边际贡献和利润因此就有着共同的成分而发生重叠现象。
- 如果决策标准没有能够精确的界定出来，那么对于重叠内容的判断就只能建立在普通常识的基础上。比如在组织重建的过程中，"相关人员反对组织的选择"和"相关人员接受和支持组织的选择"这两条都被确定为评价决策结果的标准。两条标准几乎都不能够再细分。然而很明显，关于组织选择的结果被评估了两次，因而两个标准的很多内容是重叠的。

有两种方法可以消除相同部分：

- 去掉其中的一个标准。这种方法在制定"边际贡献"和"利润"问题的标准时很有帮助。如果解决问题的方法仍然对固定成本有影响，那么边际贡献就应该取消，但是如果只有销售和可变成本受到影响，那么边际贡献作为决策的标准就足够了。
- 第二种方法是将两种标准结合起来。例如在"相关人员评价组织的选择"这个问题就可以将两个标准结合在一起。为了把所有因素都考虑到，这个问题必须按照下面的价值维度来评价："强烈反对组织的选择并坚持抵制"、"反对组织的选择"、"接受组织的选择"、坚决支持组织的选择并积极地响应。

7.3.4 决策标准的运用

子步骤4.3说明了每个决策标准是怎样用来评估选择方案的。首先要确定好规模水平（scale level），然后界定出衡量的范围（measurement scale）。

对于解决问题选择方案的评估可以在三个层次上进行（Anderson, Sweeney, Williams, 2008, p. 6 f.）：

- 最高的一层是比例尺度（ratio scale）。如果用欧元计算的不同选择方案的投资费用能够详细列举出来，这项投资就可以在比例尺度上进行测量。如果三种选择A、B和C的投资金额分别是0欧元、10万欧元和30万欧元，就可以产生以下结论：首先得到的是一个老生常谈的结论，但也是一个对于随后将要解释的区间尺度来说非常重要的结论。没有必要对A选择进行投资。另一个结论是B选择和C选择之间的距离是A选择和B选择之间距离的两倍。第三个有效的结论是C选择的投资金额比B选择的投资金额高出三倍。
- 接下来的一层是区间尺度（interval scale）。如果需要测量三个垃圾焚烧厂的不同温度时，就会使用到区间尺度。如果三个焚烧场A、B和C产生的温度分别是华氏0度、100度和300度，所得到的结论就相对少一些：A产生的温度是华氏0度，这并不意味着所得到的结果不存在。B 选择和 C 选择之间的距离是 A 选择和 B 选择之间距离的两倍，这个结论是有效的。而 C 的焚烧温度比 B 选择的温度高出三倍的结论就是无效的，这是因为处于尺度中零的位置并不意味着这种现象就不存在。

- 处于衡量决策影响最底层的是序数尺度（ordinal scale）。如果组织的三个选择结果 A、B 和 C 通过"坚决支持组织的选择并积极地响应"、"接受"和"反对"来衡量时就要采用这个尺度。各种选择可以很容易地排列出来：A 比 B 好，B 比 C 好。但是几个选择之间的距离却无法得出结论。判断结果表明，A 只是比 B 稍好，但是 B 和 C 之间的距离是很大的。还可以判断，A、B 和 C 之间的距离几乎相等。

如果比例尺度和区间尺度作为决策标准，测量的尺度仍然需要进一步确定。比如，必须确定出投资的流通领域，在另一个例子中要确定出在衡量不同温度时应该使用什么样的测量尺度。当我们使用序数尺度时对于测量尺度的确定就稍微复杂一些。一方面必须区分出各个选择之间的主要差异。另一方面，出现的次数不应该太高，否则就无法确定选择方案结果的价值。所以在前面提到的那个"相关人员接受组织的选择"的评估似乎完全应该有理由通过下面的尺度来确定：

- 强烈反对并抵制
- 反对
- 接受
- 完全接受并积极支持

§7.4 拟定环境假设

7.4.1 介绍语

选择方案的结果不仅仅依靠选择本身,它们还受到那些无法控制的环境变量的影响。由于这个缘故,操作者必须在步骤五中认真对待这些无法控制的环境变量。如果未来的变化不明确,就必须拟定出可能产生的前景假设,这些假设又形成了第六步,也就是确定选择结果的基础。

根据启发式原则中的问题分解方法,第五步中的工作又可以为三个子问题。图表7.6对这三个子问题进行了说明。

图表7.6　确定环境假设的子步骤

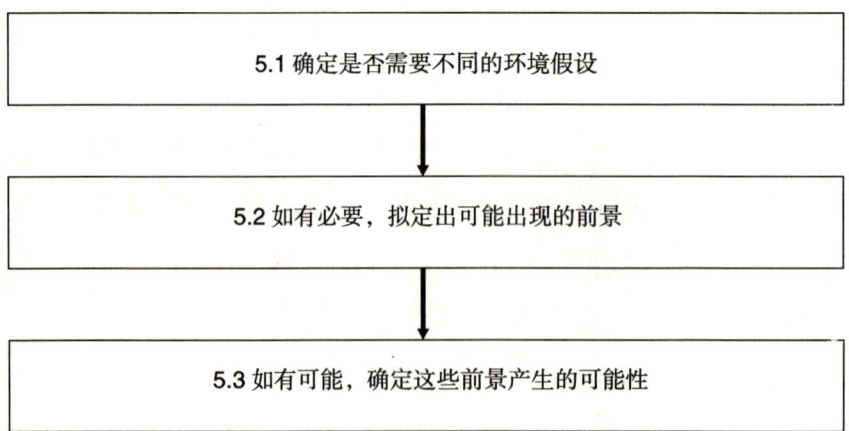

7.4.2 确定是否需要做出不同的环境假设

决策选择的效果只有在将来才能显示出来。没有人能够准确地

第 7 章　制定并评估选择方案

预测未来，所有决策的结果都是不确定的。基于这个道理，可以设定出各种不同的环境假设，并根据每一个环境假设确定出决策选择的结果。

事实上，有很多决策是不需要做环境假设的，当然也不需要根据环境假设评估决策方案。如果不确定因素比较低，或者几乎不影响选择方案的安排，操作者就可以考虑不作环境假设。用一个简单的例子来解释这一点：一个破旧的卡车需要替换，在承载量、承载装置等方面的三个选择中进行比较：

- 如果操作者认为相关的环境相对稳定的话就不需要做环境假设了。比如运输服务、柴油机的价格、法定载重量等因素在新卡车的整个使用过程中都是稳定不变的。
- 如果三个型号的卡车耗油量都差不多，即便操作者考虑到柴油的价格不确定，也不需要做环境假设。即便今后燃油价格不同，选择方案的等级安排都是一致的。
- 如果三个型号的卡车耗油量各有不同，而柴油的价格又不确定，那就需要对选择方案做出不同燃油价格的环境假设。如果燃油价格低，那么价格便宜而耗油的卡车就比较适合；如果燃油价格高，车价较贵而耗油较少的卡车就有优势。

这个简单的例子说明是否需要在环境假设的基础上评估决策效果视不同情况而定。如果对未来情况不确定，还是应该制定环境假设并在环境假设的基础上评估选择方案。

7.4.3　拟定环境假设

拟定环境假设的方法有两种。

如果存在无数不确定的和无法控制的环境变量，这些变量对选择方案产生的效果难以预测，那么操作者就可以直接界定出对前景的假设。例如要调查进入法国市场的决策结果，可以制定出三种前景：乐观的、中性的和悲观的。法国的总体经济环境、法国的税务政策、法国消费者对产品的需求、欧元的兑换率以及其他无法控制的环境变量决定了环境假设的内容。

如果只存在很少几个能够对决策结果产生影响的无法控制的环境变量，我们需要按照下面这个程序一步一步来做：

- 首先界定出对决定结果将产生重大影响的、不确定的和无法控制的环境变量。有可能只存在一个不确定的环境因素变量。比如，推出一个新产品所涉及到的因素可能是总体经济环境状况，而当决定开发一个新产品时，也可能是为新产品申请专利的能力。但是往往会有一些对决策结果产生重大影响的不确定的环境变量。比如，如果安装新的椅子和运送滑雪者上山坡的吊索设备的经济生存能力（economic viability）在很大程度上取决于冬天的降雪量与夏天的气温和降雨量。

- 第二，将不确定的环境变概括到目标设想当中。是否开发一种新产品的决定取决于三种根据国民生产总值（GDP）的不同增长率而定的经济状况。不好的经济环境就是负增长，中等情况可以是0%到2%的增长率，好的经济环境将会有大于2%的增长率。如果存在对决策评估有重大影响的不能确定的环境变量，对前景的描述就会更加困难一些。这时所设计的结果应代表所有不同的不确定环境变量的价值。插页7.2说明的是作为评判更新椅子和滑雪工具基础的前景描述。

第7章 制定并评估选择方案

插页7.2 确定作为评价椅子、滑雪工具项目基础的环境假设

一个小型滑雪站的设备都破旧过时了，因而提出了一系列设备更新的计划。对于这个计划的经济环境的评价主要考虑未来的天气情况。

操作者认为对于滑雪设备项目产生重大影响的不确定的环境变量有三个：

- 冬天的天气
- 夏天的天气
- 冬天下雪的情况

对于这个项目的前景应该这样设置：

- 由于在11月份设备需要全面维修保养，因而不能提供安装和服务，每年也就只有335个工作日。考虑到滑雪运动的特殊性，又把它们分为冬季100天，夏季235天。
- 根据气象记录可以区分出冬季和夏季的三种气候阶段："差"、"中等"和"好"。每个阶段又包含"差"、"中等"和"好"三个种类。差、中、好三种天气在每一个类型中又占有不同的比例。这样，好的夏季平均有96个好天气，56个坏天气，而差的夏季只有68个好天气，坏天气则有70个。
- 图表7.7表现了这个分析的结果。从图表上看出按天气和下雪情况而分的差、中、好三种天气的平均天数。
- 在这个基础上一共得到九种前景：差的冬季和差的夏季，

差的冬季和中等的夏季，等等。

气象记录说明，中等天气的冬季和夏季出现的可能性是较差天气和较好天气的冬季和夏季的两倍，这样就产生了下面这九种可能性：

- 天气不好的冬季和夏季：0.0625
- 天气不好的冬季和天气好的夏季：0.0625
- 天气不好的冬季和天气中等的夏季：0.125
- 天气中等的冬季和天气差的夏季：0.125
- 天气中等的冬季和夏季：0.25
- 天气中等的冬季和天气好的夏季：0.125

图表 7.7　冬季和夏季的好天气、中等天气和差天气的情况

冬天和夏天的天气质量	天数		根据天气和雪的质量而分类的天数									
			冬							夏		
	冬	夏	差			中等			好	差	中等	好
			雪									
			差	中等	好	差	中等	好	差	中等	好	
质量差的冬天	100		6	12	6	11	23	12	7	15	8	
质量中等的冬天	100		5	11	6	11	22	12	8	16	9	
质量好的冬天	100		5	10	5	11	22	11	8	18	9	
质量差的夏天		235									70	97	68
质量中等的夏天		235									70	97	68
质量好的夏天		235									70	97	68

> - 天气好的冬季和天气中等的夏季：0.125
> - 天气好的冬季和天气差的夏季：0.0625
> - 天气好的冬季和天气好的夏季：0.0625
>
> 在不同的天气状况及其出现频率的基础上可以为不同的情况计算出顾客的数量和总体营业额的数量，因此这九种情况不仅说明了所需要的结果价值并提供了确定它们的重要信息。

7.4.4 确定环境假设发生的可能性

最后，在子步骤 5.3 中检查实现前景的可能性。对前景可能性作假设并不是绝对必要的，只有在这种可能性有事实支撑的情况下才做这项工作。就拿插页 7.2 中有关天气和下雪天的情况来说，操作者必须能够依据气象记录来预测可能性，但是如果要根据"申请专利成功"与"申请专利不成功"两个前景来制定可能性就没有意义了。如果每个人对是否值得为新的发明申请专利非常清楚，那就不用麻烦去设置所谓的前景。要是对于申请专利的问题有疑问，就要对两种前景作假设。要做一个可信的关于每个可能性的陈述是件困难的事情。

§7.5 作为第三、第四和第五个步骤结果的决策问题的结构

在第三、第四和第五个步骤中，所有使我们能够以决策矩阵的形式来构想的决策问题的因素都被依次界定出来：
- 在第三步中形成选择方案。

第Ⅱ部分 一般启发式决策程序

- 在第五步中评估的标准被制定出来。
- 如果需要,在第五步中拟定出决策的前景。

在这三个步骤的基础上可以制定出一个决策矩阵。图表7.8是一个从波兰移民过来的家族式公司扩展业务的例子。该公司直到目前为止一直活跃于瑞士。从图表中看出,一共制定了四种选择方案,需要用两个标准来对其进行评估。其中一个标准的结果取决于对计划

图表7.8 决策矩阵的例子

标准和前景 选择	C_1: 以百万欧元为单位的未来五年按现值计算的现金流量		C_2: 在波兰创造的就业机会(*)
	S_1: 整合情况良好	S_2: 整合情况不好	
O_1: 购买在德国和波兰有厂房的厂家 U	c_{111}	c_{112}	c_{12}
O_2: 购买在波兰有厂房、在德国有销售机构的厂家 V	c_{211}	c_{212}	c_{22}
O_3: 在德国和波兰为瑞士的产品设立新的销售机构	c_{311}	c_{312}	C_{32}
O_4: 没有扩展	$c_{41}=0$	c_{42}	

O_x = 选择
C_y = 标准
S_z = 前景
c_{xy} = 与标准 y 相对应的选择 x 的单个的结果
c_{xyz} = 与标准 y 和前景 z 相对应的选择 x 的单个的结果
(*)在序数表上以"很多"、"多"、"一些"、"很少"和"没有"分类的测量结果

第7章 制定并评估选择方案

中的海外分公司的整合是否会取得成功,这样希望中的合并才能够实现,因此要考虑两个前景。

决策问题往往至少需要有两种选择方案。但是这些选择无须用多种标准来衡量,就像这个例子一样。正如我们已经了解到的,存在着单价决策和多价决策两种决策问题:

- 单价决策是指对方案的评估建立在一个单一的决策标准之上,或者是在计算上相互关联的多种标准之上。
- 多价决策是指有多种评价标准并且这些标准在计算上相互不关联。

图表7.8中的前景也并不是完全必须的,如我们所看到的那样,可以界定出三种不同的情景:

- 不存在对结果产生重大影响的不确定的环境特征,这时我们得到的是一个确定的决策。
- 在对决策方案的评估产生重大影响的变量中,总有一个或更多的变量是不确定的、无法控制的。对于前景的设计就是以这些变量为基础的,并根据它们来确定发生的可能性,在这样的情况下就会出现风险。
- 正如上面这种情况,可以想象存在好几个环境假设,但是情景发生的概率无法确定,这样的决策是不确定的。

既然决策一方面可以是单价的或多价的,另一方面又可以分类为肯定的、有风险的和不确定的,因此共有六种可能的决策模式,用图表7.9表示。

图表 7.9 六种决策模式

标准 环境假设	单价决策	多价决策
可靠的决策	可靠的单价决策	可靠的多价决策
有风险的决策	有风险的单价决策	有风险的的多价决策
不确定的决策	不确定的单价决策	不确定的多价决策

§7.6 确定选择方案的结果

7.6.1 介绍语

关于某个选择的所有相关结论都称为结果（consequences）。正是决策的标准确定了哪些结果是相关的，因而代表了不同类型的重要结果。这些重要结果不仅仅是选择的效果，而且还依赖于不可控制的环境变量。如果这些不可控制的环境变量不确定的话，那么就需要对每一种选择的前景做出预测。在操作者作出最后的决策之前，必须将每一种选择的不同结果都概括到总体结果当中。图表 7.10 告诉我们，决策的结果在整个决策程序中占据着中心地位。

决策结果的确定可以分为三个子步骤，用图表 7.11 说明。

7.6.2 确定结果的质量等级及其制定程序

具体操作时，区分出三个判断决策结果质量的等级是很有帮助的。

- 常常有这种情况：操作者总是满足于根据以往的经验做出的主观判断。当存在着许多不同的单个的结果需要确定和/或当使用预

第 7 章 制定并评估选择方案

图表 7.10 决策制定程序中处于中心位置的决策结果

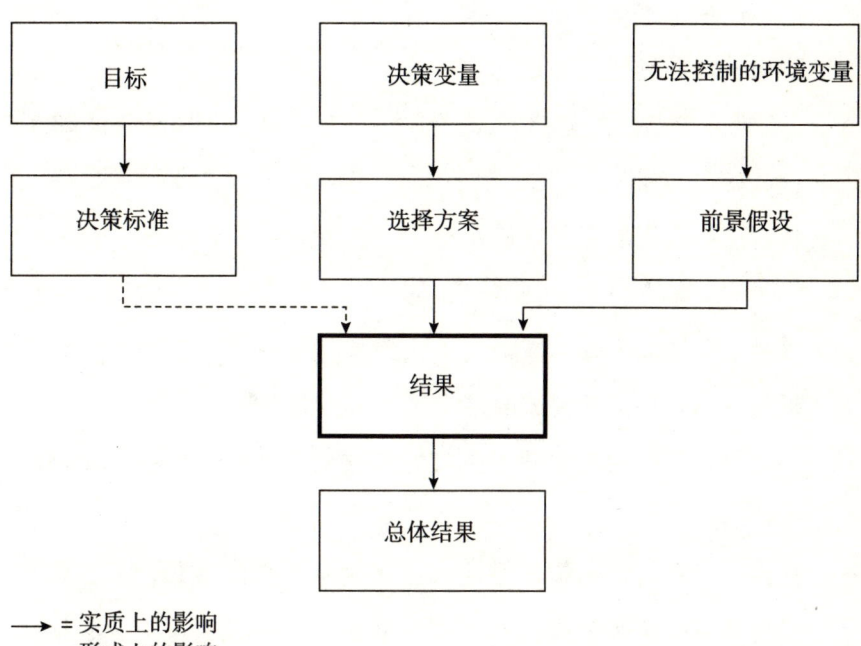

图表 7.11 确定选择结果的子步骤

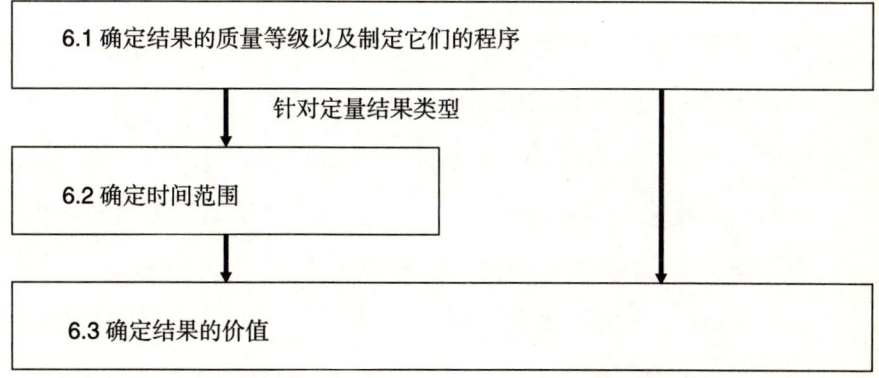

期的模式将会很耗费资金或时间时，这种方法是可取的。但是即使使用了主观的评价，操作者还是应该考虑通过问题分析找到尚未发现的因果关系。

- 当操作者为了支撑对选择结果的评估而实施实证研究（empirical studies）时，就无异于将取得了较高水平的决策质量。比如市场研究可以确定电视广告和各种不同包装宣传的效果。对模型进行的实证研究也属于这个质量水平。实证研究应该是最近期的，并且应该具备实验室（laboratory conditions）分析的效果。调查或测试的结果建立在这样的假设上：所观察到的效果将不会随着时间发生较大的改变，并且它们在这个领域中仍然适用。

- 在使用了有科学依据的预测方法来确定选择的效果之后，就可以得到最高层次的质量水准。为了使这一点成为可能，必须在经验上和/或理论上都有足够依据的模式，这个模式能够解释最重要的环境变量之间的关系，并且主要针对纯技术问题。自然科学法则在这类模式中扮演了主要角色。在复杂的商业管理决策问题中，最值得期待的就是用科学的预测方法来界定相关结果的某个部分。比如通过资料数据分析而得到的需求函数（demand functions）可以用来评价一系列可变价格的需求结果，或者说基于经验的响应函数（response functions）可以用来确定最佳的广告预算。但是普遍认为，在复杂的决策问题中，建立在合理预测（reasonable predictions）基础上确定出来的选择结果只能在特殊的例子中能够得到。

所选择的决策结果的质量水平必须依靠不同的因素：

第7章 制定并评估选择方案

- 它受到决策问题重要程度的影响。因为对于决策者来说,问题越重要,他在评估结果时所做的努力就越大。
- 决策结果的质量水平还取决于运用实证研究的可能性和预测结果的可能性,但这些都不是随时能够做得到的。特别是当决策制定受到时间的限制时,对于结果的确认往往只能达到最低的质量水平。
- 最后,决策结果的质量水平还受到第四个步骤中所指出的各个不同类型的规模层次(scale level)的影响。一般说来,只有当结果处于比例尺度和区间尺度范围时,才能确定出较高水平的结果。

在质量水平的基础上,我们可以为每一种类型的结果制定出计算结果值(consequence values)的具体操作程序,这取决于决策问题的特殊性。正因为如此,我们无法作出一般性的结论。

在大多数情况下决策的结果都会得到评估。与此相关的问题是人们往往会过高地估计自己的知识,因而倾向于过分相信他们的主观判断。"并不是我们不懂的东西给我们带来麻烦,而是我们已经懂得的东西给我们带来麻烦。"(Will Rogers,选自 Russo/Schoemaker,1990,p. 95)

要想获得对于选择的可靠评估,应该克服过分看重以往经验的倾向。采用下面这些方法对于解决这个问题是有帮助的:

- 每个人首先独自对结果做出判断,个人的判断与他人的判断相对峙,找出之间的差异。这与德尔菲法(Delphi study)相似,但成本更低,而且还会产生群体决断(group judgement)。群体决断从根本上说比个人判断更可靠。群体决断还优于个人判断的平均结果,因为错误的观点在讨论时会暴露出来,这时个人可以纠正自己的评判。

- 可以通过提出不确定的问题来激发集体讨论，这些问题能够对基于经验和已有的知识而作出的评价提出质疑或者对结果的假设提出质疑。（Russo/Schoemaker，1990，p. 103 ff.）
- 让负责确定结果的人面对所选择决策的实际效果也是很重要的。这样能够取得很好的学习效果，在今后类似的决策问题中产生积极的作用。（Russo/Schoemaker，1990，p. 98 ff.）

7.6.3 确定时间范围

决策的结果必须与未来的发展状况相吻合。选择方案的效果在决策开始制定时就开始显现了，并且还要持续很长时间，远远长于决策的实施阶段本身。在很多决策问题中，关于评估决策效果的时间范围是多少，这个问题还没有人能够确定出来，或者说仅仅被大致地确定出来。图表7.12说明了这一点。

图表 7.12　决策制定、决策实施和决策结果的顺序

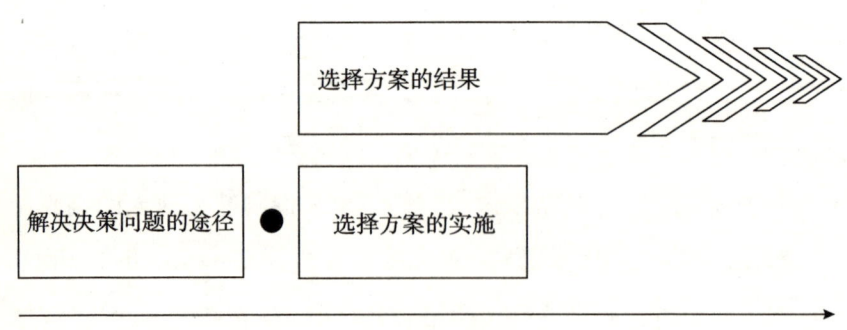

●=决策　　▭=操作者的行动　　▷=最终得到的结果

在图表7.12总结的基础上，操作者必须确定出定量结果类型

第 7 章　制定并评估选择方案

（quantitative consequence types）的时间范围，定量结果类型的决策效果需要预测出来。定量结果类型的决策需要在比例尺度或区间尺度范围衡量（见 7.4.3）。由于决策效果通常随着时间而下降，检验结果的阶段可能在决策没有产生重大差错的一段时间之后而中断。然而，要判断这个中断点的确切时间往往是很困难的，因而也就很难决断决策效果持续的时间有多长。要解决这个问题通常要依靠主观的判断。但也有一些决策问题拥有确定时间范围的清晰基础。比如在投资决策中，计划中的潜在投资产品的使用将决定需要记录在案的决策结果时间的长短。

7.6.4　确定结果价值

需要计算出来的结果值是在子步骤 6.1、6.2 和 6.3 的基础之上得到的，同时也是以操作者的决策知识为基础的，因此无需对子步骤 6.4 作过多的说明。

第 8 章　确定选择方案总体结果的决策原则

§8.1　介绍语

第 7 章和第 8 章讨论了启发式决策程序的步骤一到步骤六。在讨论步骤七之前必须先建立一个基础，这就是第八章的任务，也就是介绍决策原则（decision maxim）。

所谓决策原则就是一些可以用于将单个决策的结果整合到总体决策之中的原则。它们是决策逻辑的中心部分（见插页 1.1）。

图表 8.1 提供了各种不同决策原则的概览及其它们的使用方法。从图中看到，决策原则的使用依据是决策格局（decision constellation）：

- 单价和确定的决策问题并不需要依照决策原则，因为单个选择的结果与总体决策的结果是一致的。
- 对于有风险的单价决策，期望值可以计算出来。伯努里（Bernoulli）制定了一种将操作者对待风险的态度考虑在内的程序。还有可能将决策原理运用到不确定决策的制定当中，然而这种情况只有在某些信息被忽略时才可能使用，因为在考虑不同的前景时并没有关注到这些前景产生的可能性。

第 8 章 确定选择方案总体结果的决策原则

图表 8.1 决策原则及其运用

标准 环境假设	单价决策	多价决策
确定性决策	无需使用决策原理	■ 实用价值 （Utility value） ■ 准单价决策 （Quasi-univalentdecision）
风险决策	■ 期望值 ■ 实用期望值	组合运用
不确定性决策	■ 极小化极大 ■ 极大化极大 ■ 可能性均等 ■ 乐观—悲观指数 ■ 极小化极大—风险	组合运用

⟶ = 完全适应

--▶ = 仅在信息被忽略的情况下使用

- 在单价不确定决策中所采用的三种办法，也就是极大化极大（max-imax）、沃尔德（Wald）的极小化极大（minimax）和拉普拉斯（Laplace）的概率均等（equal probability）都可以用作建立总体结果的简单原则。赫维兹（Hurwicz）的乐观主义—悲观主义—指数（optimism-pessimism-index）原则以及塞维奇（Savage）和莱汉（Niehan）的极小化极大—风险原则（minimax-risk）也可以使用，但这些原则使用起来更麻烦。

- 对于多价、确定的决策则需要一个能够克服多价的原则，可使用的原则有实用价值程序（utility value）和对诸如准单价（quasi-univalent）之类的决策问题进行审视检查的原则。
- 在处理多价多风险问题时，使用的原则要与解决不确定问题的原则结合起来。另外，有可能使用克服不确定性的原则而不使用解决克服风险的原则。这里信息被再次忽略。
- 最后，多价不确定决策需要将解决多价问题的原则和解决不确定性问题的原则结合起来。

在§8.2到§8.4中，我们将讨论克服多价、有风险的不确定性决策的原则。接着揭示决策原则的组合运用和对决策原则的评估。

§8.2 克服多价问题的决策原则

8.2.1 实用价值原则（utility value maxim）

实用价值原则的运用（Bamberg/Coenenberg, 2002, p. 47 ff.; Eisenführ/Weber, 2003, p. 115 ff.; Rommelfanger/Eickemeier, 2002, p. 140 ff.）包括以下几个子步骤：

1. 首先，结果价值被转化为实用价值，而且每一个结果都必须这样。为了避免间接地估算结果价值，每一种结果类型都用同样数量的实用价值来衡量。我们建议将"1"作为一种结果类型的实用价值量，即对于每一种结果类型来说，每个选择方案的实用价值都在0和1之间。将最高实用价值赋予最有利的结果，最低的实用价值赋予最不利

第 8 章　确定选择方案总体结果的决策原则

的结果，这样的做法非常有意义。比如购买一种交通工具，如果以价格为例，这就意味着价格最低的交通工具拥有最高的实用价值。

2. 第二个步骤包括了结果类型的权重（weighting）。基于主观评判的权重应该反映出所追寻的目标标准的相对重要性。为了使评判结果的类型标准化，我们建议将所有评判的数字固定为"1"。

3. 既然结果价值已经转换为实用价值，对决策标准/结果类型的权重已经确定下来，总体的结果也就可以确定了。要做好这一点，实用价值被乘以权重数，再将加权后的实用价值的总和计算出来。

运用实用价值原则中最困难和费用最高的步骤当属第一步。插页 8.1 阐述了怎样将不同类别的决策标准/结果类型的结果价值转换为实用价值。

插页 8.1　将结果价值转换为实用价值

当从结果价值中计算实用价值时，需要区分出四种不同的结果类型：

- 高值是正数的定量结果类型，如边际利润。
- 高值是负数的定量结果类型，如成本。
- 高评价是正数的定性结果类型，如良好的声誉。
- 高评价是负数的定性结果类型，如不好的声誉。

在正文中我们提到，将一种结果类型的结果价值转换为实用价值时，实用价值的总合应该是 1，这样不同的结果类型就不会出现间接加权的情况。

四种结果类型的实用价值的计算方法是这样的：

- 正数定量结果类型，比如利润，通过计算单个结果在价值总合中的比例而转换为实用价值。
- 负数定量结果价值，比如费用，通过首先确定每个结果的倒数（reciprocal）而转换为实用价值。倒数又被解释为所有倒数总合的平衡。用一个例子来说明：一家公司正在一个新的闹市区寻找办公室，共有三种选择，每月的租金是决策标准，因此也是结果类型。图表8.2说明了租金的三个数字和它们转换为实用价值的数目。在这个程序中，租金最低的办公室实用价值最高，而租金最高的办公室的实用价值最低。

图表8.2 将定量的负数结果值转换为实用价值的例子

选择	租金（瑞士法郎）	租金的倒数	实用价值
公室 A	1000	0.001	0.32
公室 B	1100	0.000909	0.29
公室 C	800	0.00125	0.39
共计	–	0.003159	1.00

- 正数定性结果类型，比如良好的声誉，首先通过使用已经界定出的等级转换为定量结果价值，而所得到的定量值应该尽可能详细地反映出文字计算的结果值之间的"差距"。实用价值因此可以用计算正数的定量结果价值的方法进行计算。再回到上面的那个例子，在考虑租金的同时，该公司将地段作为进一步的决策标准。以四种定性的等次"非常好"、"很好"、"好"和"满意"来衡量这三间办公室。

第8章 确定选择方案总体结果的决策原则

图表8.3显示了对它们的评估及其向实用价值的转换。从图表中看到,将地段的评估建立在四个等次上,然而没有一间办公室付合"很好"这条标准,在将文字结果转换为数字结果时必须将这个情况考虑进去,因为"非常好"和"好"之间的差距是"好"和"满意"之间差距的两倍。

图表8.3 将定性的正数结果换为有实用价值的例子

选择方案	地段	地段的定量价值	实用价值
办公室 A	好	2	0.29
办公室 B	非常好	4	0.57
办公室 C	满意	1	0.14
总计	-	7	1.00

* 以非常好、很好、好、满意作为衡量标准

- 负数定性结果类型,比如不好的声誉,首先使用制定出等级的方法将其转为定量价值。在这种转换中,负数结果类型被转为正数结果类型,因为最不利的结果分派的定量价值最小,最有利的结果的定量价值最大。还应该保证各价值之间的距离必须很好地表现出来。向实用价值的转换接下来可以用与正数定量结果类型相同的方法进行。

在定量结果类型中,不论是正数还是负数,结果价值都可能从负数值通过零上升到正数值。在"投资回报率"(ROI)这样的结果类型的例子中更是如此。这也使得上面提到的向实用价值的转换变得不可能。要解决这个困难,在转为实用价值之前,结果价值必须转换到≥ 0的

范围之内。如果增加一个常数（constant）的话，这一点对于所有结果价值都可以运用（通过常数增加结果价值的方法在技术上是没有问题的，因为实用价值在这个操作规程中是独立存在的，它仅代表了区间尺度上的价值。见7.3.4中关于区间尺度的论述）。图表8.4 提供了一个使用这种方法的例子，在这个例子中，四种潜在的采购行为得到评估，其基础是过去一年中它们的投资回报率。得到结果从负数延升到正数，该表说明这些ROI是怎样转换为实用价值的。

图表8.4　具有正数值和负数值的结果转换为实用价值的例子

选择	投资回报率	转换的投资回收率	实用价值
采购 A	8%	10%	0.53
采购 B	−2%	0%	0.00
采购 C	0%	2%	0.10
采购 D	5%	7%	0.37
共计	—	19%	1.00

为了更好地理解该方法，现在将实用价值的原则运用到实际例子当中。仍然以前面提到的那个有三间办公室可供选择的公司为例。图表8.5 说明了有三种结果类型的决策矩阵，这三种结果类型有不同的特性：

- 租金是一个定量的、负数的结果。
- 面积是一个定量的、正数结果。
- 最后，地段是一个定性的、正数结果。

第8章 确定选择方案总体结果的决策原则

图表8.5 运用实用价值原则例子的出发点

决策标准 选择	租金（瑞士法郎）	面积（m²）	地段
办公室A	1000	120	好
办公室B	1100	120	非常好
办公室C	800	90	满意

图表8.6表现了这个程序的运用结果：

- 首先，将结果价值转换为实用价值，结果类型的实用价值总数为1。
- 接下来给出结果类型的权重数。
- 最后，每一种选择加权后的实用价值要计算出来并得到总数。由于每种结果类型的实用价值的总合是1，而且权重数加起来也是1，三种选择的权重实用价值的总合就也是1。

在加权实用价值总合的基础上得出结论，可以选择办公室B。

图表8.6 运用实用价值原则的例子

标准和 权重 选择	租金（以瑞士 法郎计算） **0.5**	面积（m²） **0.3**	地段 **0.2**	加权后的实用 价值总额
办公室A	0.32 0.16	0.36 0.11	0.29 0.06	— 0.33
办公室B	0.29 0.14	0.36 0.11	0.57 0.11	— 0.36
办公室C	0.39 0.20	0.28 0.08	0.14 0.03	— 0.31
共计	1.00 0.5	1.00 0.3	1.00 0.2	— 1.00

上排数字 = 实用价值
下排数字 = 加权后的实用价值

8.2.2 准单价决策原则

被广泛使用而又存在许多问题的解决多价决策的原则是准单价决策。它将诺曼尔范杰和恩克梅尔（Rommelfanger/Eickemeier, 2002, p. 138 f.）所提出的目标筛选（goal elimination）和期望达到的水平（aspiration-level）两个原则结合起来，该原则的运用包含三个步骤：

1. 首先确定出最重要的结果类型。图表 8.5 选择办公室的案例中，租金便是最重要的结果类型。

2. 接下来要确定其他结果类型的最低要求。不能满足这些最低要求的选择被排除掉。比如在图表 8.5 的例子中，可以将最低的居住面积定为 100 平方米，最低的位置要求定为"好"。这样一来，C 项选择就可以排除掉。

3. 最后根据最重要的结果类型得到剩下来的选择。在这个例子中，应该选择办公室 A，因为它的租金低于办公室 B。

准单价决策原理很简单，因此在实际工作中比较适用。然而这个原则在运用方面存在两个大的问题，因此我们并不极力推荐这种原则：

- 如果必须对所用的选择制定出最低要求，它们就应该在第二步的问题分析当中就确定下来，或者在制定选择的第三步中确定下来。在租用办公室的例子中，是否选择 C 应该在第二步或第三步就已经确定了。如果 90 平方米的面积和满意的地段位置得到满足，就应该选择 C。然而要求的是 100 平方米的面积和好的地段位置，因此办公室 C 就根本不应该在决策矩阵中作为选择方案。

- 如果对于不太重要的结果类型没有确定出重要的限制条件，那么决策的制定就只能建立在最重要的结果类型的基础上。在这个案例中，90平方米的面积和满意的地段就代表了两个限制条件，这时应该完全以租金为基础来判断所做的选择，因此选则办公室C。但是，当对于不太重要的结果类型被赋予了严格的附加条件时，操作者就应该只依据这些条件来做决策。在这个案例中，要求100平方米的面积和很好的地段就属于这种情况。办公室A和C就应该根据这些条件而被排除在考虑范围之外，办公室B应该被选中，尽管它在最重要的结果类型，也就是"租金"这一项的评价最低。

§8.3 克服风险的决策原则

8.3.1 期望值原则

如果决策存在风险，决策者就需要区分出各种不同的前景所产生的结果。决策者还必须对不同前景出现的可能性做出判断。一个重要的原则就是用每一个不确定结果价值乘以它的可能性并将这些价值加到每一个选择中。用这种方法得到的总数就是期望值（expectation value）。应该选择期望值最高的方案。

但是，仅仅依靠期望值而作出的决策是会带来很多问题的。用一个简单的例子来说明：试想一个操作者不得不在两个投资项目上做出选择，这两个项目的成功取决于产品的专利申请是否成功。图表8.7展示了结果和两种选择的期望价。从图表中看到，以期望值为基础的投资 A 有着的明显的优势。但是,万一专利申请失败,项目 A 将招致 50 万瑞士法郎的损失,比项目 B 的损失大得多。这样的损失将使公司的生存受到质疑,因此项目 A 将不能选择,尽管它的期望值较高。

期望值仅仅称得上是一个好的决策原则,因为同样的决策会重复出现。在这种情况下,期望值不仅仅是一个从来没有真正出现的平均值,而是成为所有决策所期待的参考值(Rommenfanger & Eickemeier, 2002, p. 65 ff.)。然而从实际的角度出发,期望值决策原则可以在单个结果没有显示出大的风险时使用,因而被认为是可以承受的。但是这只能够在极少数重要决策中使用,在大多数情况下,重要决策是典型的涉及巨大风险的一次性决策。

图表 8.7　期望值的例子

选择 \ 标准、前景和可能性	回报(以百万瑞士法郎计算)		期望值
	有可能申请专利 可能性 0.8	不可能申请专利 可能性 0.2	
投资 A	+1	−0.5	+0.7
投资 B	+0.4	+0.1	+0.34

8.3.2　实用期望值原则

这项由伯努里提出的理论要求操作者在计算期望值之前先将结果值转换为实用价值。这样的程序可以将操作者对风险的态度考虑进来(Bamberg & Coenenberg, 2002, p. 81 ff.; Bitz, 1981, p. 153 ff.;

第8章 确定选择方案总体结果的决策原则

Rommelfanger & Eickemeier, 2002, p. 72 ff.）。运用这条原则需要经过两个步骤：

1. 在第一步中，结果价值转换为体现了操作者对待风险态度的实用价值。

2. 在第二步中，这些实用价值再转换为选择方案的实用期望值（utility expectation value），用与计算简单期望值相同的方法来做。

现在用图表的形式给出一个运用这种原则的例子。一位操作者从两个供应商那里得到了产品的总处理权。两种产品处于相互竞争的地位，因此他只能选择其中的一个。图表8.8展示了减去所有与决策有关的费用之后两种产品的边际贡献，以欧元为单位计算。

在第一步中，结果价值被转换为实用价值。图表8.9表现了转换曲线。从图表中看出，操作者将实用价值分布在明显处于斜线之上的结果价值上。曲线代表了已宣布的操作者对待风险的排斥态度（risk-averse attitude）：比如操作者将0.8的实用价值分布给数值为0的边际贡献。如果结果价值向实用价值转换中对待风险的态度属于中等（risk-neutral），那么0价值的边际贡献就只有0.3的实用价值。

图表8.8 实用期望值原则例子的出发点

标准，前景和可能性 选择	利润总额（欧元）		
	经济环境不好 可能性 **0.25**	经济环境一般 可能性 **0.4**	经济环境良好 可能性 **0.35**
产品 A	0	15000000	30000000
产品 B	-30000000	15000000	70000000

一旦向实用价值的转换完成之后,实用期望值就能在第二步中计算出来。图表8.10是两个选择方案中对这些实用期望值的计算结果。对待风险的谨慎态度使得操作者选择了产品A,这就是说,放弃了从产品B中赢利7000万欧元的机会,但同时避免了损失3000万欧元的风险。

在这个例子中,结果价值是通过曲线的表现方式转换为实用价值的。但在管理学文献中一般更赞同用博弈的方式来实现这种转换。插页8.2解释了这种博弈,以拉姆齐(Ramsey,1931)提供的材料为讨论的基础。

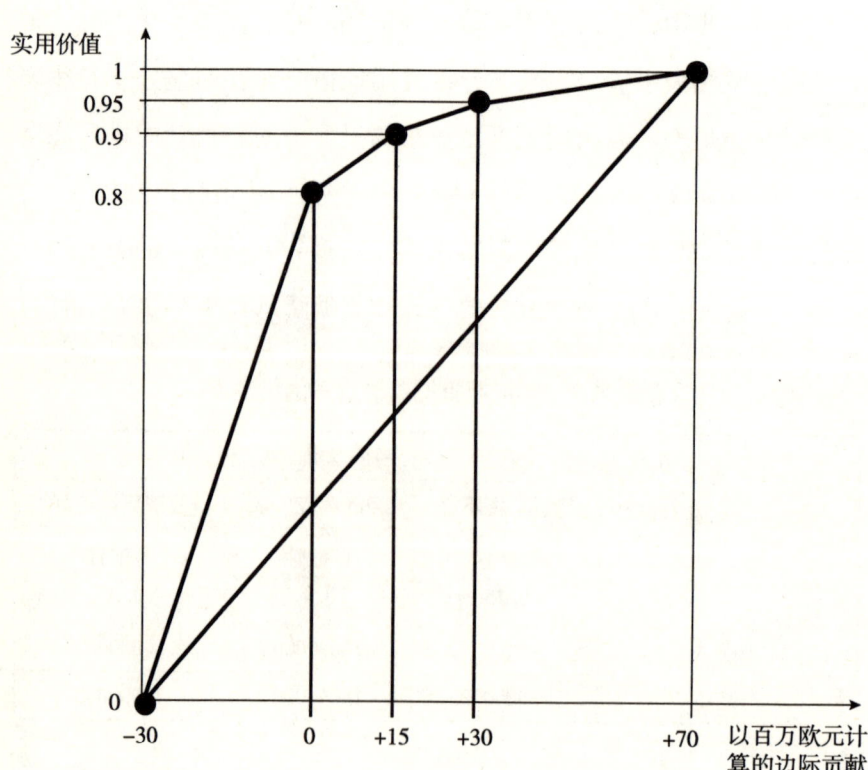

图表8.9 结果值转换为实用值可能产生的曲线

第 8 章　确定选择方案总体结果的决策原则

图表 8.10　用实例说明实用期望值的计算

标准、愿景和可能性 \ 选择	以欧元计算的边际利润的实用价值			实用期望值
	经济环境不好 可能性 **0.25**	经济环境一般 可能性 **0.4**	经济环境良好 可能性 **0.35**	
产品 A	0.80 0.20	0.90 0.36	0.95 0.33	— 0.89
产品 B	0.00 0.00	0.90 0.36	1.00 0.35	— 0.71

上面的数字 = 实用价值
下面的数字 = 根据可能性加权的实用价值

插页 8.2　通过虚拟博弈（fictive game）的方式确定实用价值

采用博弈的方法将结果值转换为实用价值的理论要回到拉姆齐提出的程序当中。（Ramsey 1931；Bamberg & Coenenberg, 2002, p. 90；Rommelfanger & Eickemeier, 2002, p. 74）

在这个虚拟博弈过程中，操作者必须在一个有固定价值的奖金和有着两个价值的彩票之间做出选择。两种彩票中的一种比奖金高，另一种比奖金低。操作者需要说明为了使有着固定值的奖金和彩票拥有同等的价值，较高价值的彩票出现的概率需要多大。这个问题反映出操作者对待风险的态度。风险的接受程序越低，出现下面这种情况的可能性就越大：如果操作者认为固定奖金和彩票的数值相等,就会出现较高的数字。相反,操作者能够忍受高风险则意味着即使彩票出现高数值的可能性相对较小,彩票和固定奖金都将被看做是相等的。

这个博弈是通过决策问题的结果价值来完成的:

- 在所有的博弈中,彩票的较高值和较低值与最高和最低的结果价值相符合。
- 固定奖金是每个博弈中另一个结果价值中的一种。

图表8.11再一次展示了我们在正文中已经举例说明的实用期望值原则的决策矩阵。图中仍然表明在这个虚拟博弈中结果价值是怎样使用的。在这个矩阵里,共有五个不同的结果值。最高值和最低值总是被看做是彩票的总数值,它们的实用价值是1和0。为了确定其他三种结果价值的实用价值,需要三种博弈。

图表 8.11　作为虚拟博弈起点的决策问题结果

愿景和可能性　　选择方案	经济环境不好 概率 0.25	经济环境一般 概率 0.4	经济环境好 概率 0.35
产品 A	0 博弈 I 奖金	15000000 博弈 II 奖金	30000000 博弈 III 奖金
产品 B	-30000000 高值彩票计算结果	15000000 博弈 II 奖金	70000000 高值彩票计算结果

该虚拟博弈可以用代数来表示:

$$\text{固定奖金} \approx p^* \cdot \text{较高值彩票} + (1-p^*) \cdot \text{较低值彩票}$$

第8章 确定选择方案总体结果的决策原则

> P^*与操作者所要求的彩票的较高数额相等,这样固定奖金和彩票的比较可以被看做是相等的。所要求的P^*的可能性越多,操作者的抵抗风险的意识就越高。
>
> 在第一个博弈中,操作者必须将P^*按以下模式固定:
>
> $0 = P^* \cdot (70000000) + (1 - P^*) \cdot (-30000000)$
>
> 如果操作者的判断与正文图表8.9中显示的转换曲线相一致,他可能会要求所选择的P^*值为0.8。这样虚拟博弈中的两种选择对于操作中来说都是相等的。
>
> 如果在接下来的两个博弈中,P^*值被分别固定为0.9和0.95,就会得到与图表8.9中和转换曲线相同的五个实用价值:
>
> - $-30000000 \rightarrow 0$
> - $0 \rightarrow 0.8$
> - $15000000 \rightarrow 0.9$
> - $30000000 \rightarrow 0.95$
> - $70000000 \rightarrow 1$
>
> 这五个数值现在可以用来计算最初的决策问题中各种选择结果的实用期望值。

实用期望值原则是建立在这样一个设想上的:操作者能够在转换曲线或虚拟博弈行为的帮助下表现出对待风险的态度。(Kahnerman & Tversky, 1982, p. 136 ff.) 的研究对于这种假设的有效性提出了质疑。他们认为操作者被提问的方式对于他们所表现的对待风险的态度有着较大的影响。插页8.3讨论了这些"框架"(framing)的效果。

插页8.3 被歪曲了的通过框架效果表现操作者对待风险态度的例子

卡纳曼和特韦尔斯基（Kahnerman & Tversky, 1982, p. 136 ff.）根据经验证明，一个问题的呈现方式不同，对风险态度的陈述方式也不同。

冯·尼奇（Von Nitzsch, 2002, p. 113 ff.）通过对两个决策情景进行比较来说明对待风险的行为是怎样被影响的：

- 情景A：你得到一个装了1000欧元的信封，然后面临着两种选择：再得到500欧元还是参加一个博弈，在这个博弈中你要么什么也得不到，要么还可以再得到1000欧元，两种可能性各占50%。
- 情景B：你得到一个装有2000欧元的信封，也有两种选择，交回去500欧元或者参加一个博弈，在这个博弈中你必须要么再交回1000元，要么一分也不交，可能性各占50%（Von Nitzsch, 2002, p. 113）。

如图表8.12所示，两种情景都需要做出一个决策，那就是坚持抓住有保证的1500欧元，还是进行那个提供了50%机会的只能得到1000欧元，和50%机会的能得到2000欧元的博弈（Von Nitzsch, 2002, p. 113 f.）。如卡纳曼和特韦尔斯基（1982, p. 136 ff.）的经验学习所显示的，大多数人在这两种情景中会有不同的决策。在情景A中，他们会选择有保障的1500欧元，而在情景B中他们偏向于参加博弈活动。这样

第 8 章 确定选择方案总体结果的决策原则

做有以下理由：这场博弈有两个阶段：第一阶段中有保障的数额为第二阶段提供了一个参照点。在第二个阶段中，风险数额得到评估，这些评估都以第一阶段的特定参照点为基础。在情景 A 中，第二阶段的参照点是 1000 欧元，因而多余的数额是赢到的钱。在情景 B 中，参照点为 2000 欧元，风险评估与相对损失挂钩。（Von Nitzsch, 2002, p. 114）

图表 8.12　同一个决策问题的两种不同表示

（选自 von Nitzsch, 2002, S. 113）

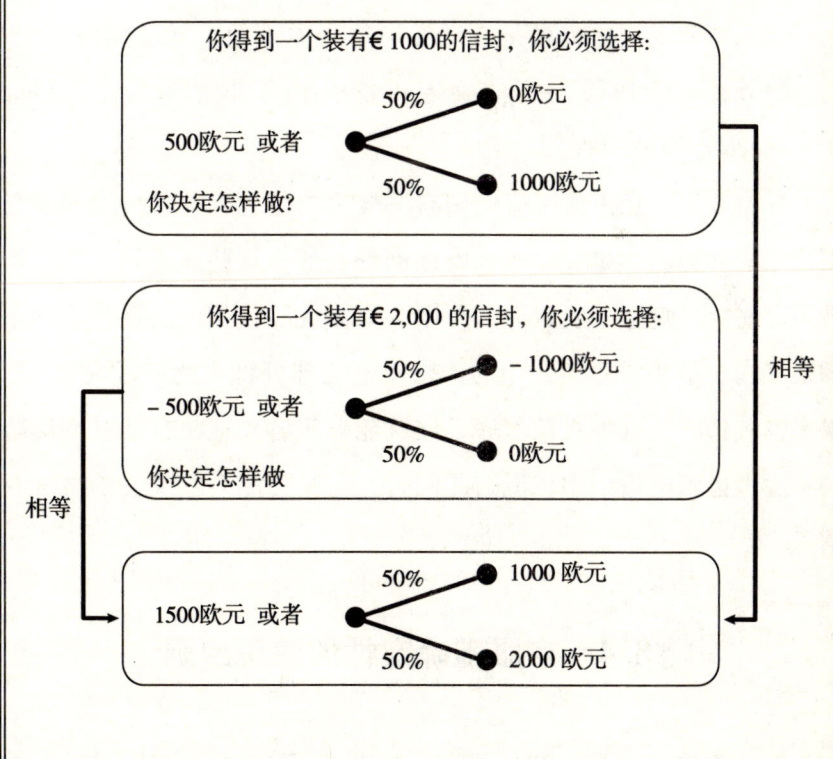

8.3.3 克服风险的决策原则运用中的问题

有关克服风险的决策原理的使用可能会存在很多问题：

- 期望值原则只适合用于重复性的决策和低风险的一次性决策。重要而复杂的决策都是充满着风险的一次性决策。要做好这样的决策，仅仅计算出期望值是不够的，因为这不能将操作者对待风险的态度考虑进来。

- 实用期望值原则纠正了期望值原则的这个严重缺陷。通过转换功能的运用，或者是虚拟博弈规则的运用，操作者能够将对待风险的态度带到决策中。然而运用这个原则是耗费财力的，要求也非常高，这也就是在现实中这个原则很少被使用的原因。另外，对于风险态度的确定可能会由于框架效应（framing effects）而被歪曲。

如果我们有意识地回避使用有关概率的信息，并将决策看做是不确定的问题而不是一个有风险的问题，那么这些显而易见的困难就可以避免。克服不确定性的原则可以因此被使用，而这些原则中的很多内容是非常容易使用的，在接下的部分将对此进行说明。如果操作者选择了这种决策程序，他就能够很容易地将自己对待风险的态度考虑到决策当中，但与此同时，他又可能会忽视关于概率的信息。

§8.4　克服不确定性的决策原则

解决不确定问题，我们推荐五种决策原理（Bamberg/Coenen-

第 8 章 确定选择方案总体结果的决策原则

berg, 2002, p. 129 ff. ; Bitz, 1981, p. 62 ff. ; Laux, 2002, p. 106 ff. ; Romelfanger/Eickemeier, 2002, p. 51 ff.），它们是：

- 沃尔德的极小化极大原则（minimax maxim）
- 极大化极大原则（maximax maxim）
- 拉普拉斯的概率均等原则（maxim of equal probability）
- 赫维奇的乐观主义—悲观主义指数原则（optimism-pessimism index）
- 莱汉和塞维奇的极小化极大—风险原则（minimax-risk maxim）

接下来我们首先对这五种原则进行简单阐述并提供一个例子说明它们的运用程序。

极小化极大原则在最坏结果的基础上比较了各种选择，并在这些最坏的结果当中选择一个最好的结果。极小化极大原则的运用与极端的规避风险的行为（extreme risk-averse behavior）相适应，或者与对待最坏情形的态度相适应。

极大化极大原则正好相反。它要求操作者只注意每个选择的最好的结果价值，并选择表现出最高价值的那个结果。

概率均等的原则介于极小化极大原则和极大化极大原则之间。正像它的名字所暗示的，所有的结果价值都是相等的。因而这条原则指出，每一个选择方案的平均结果价值都必须确定出来，这样操作者就可以选择有着最高价值的那项方案。

与概率均等原则一样，乐观主义—悲观主义—指数原则在极大化极大原则和极小化极大原则这两个极端的原则之间寻求一种中间道路。该原则分三个步骤进行：

1. 操作者在 0 和 1 之间为乐观主义—悲观主义—指数原则确定

了一个值，这个值越高，操作者就越乐观或者越能忍受风险。

2. 对于每一种选择，最好的结果价值被乘以一个给定值（index value），最坏的结果值被乘以给定值和 1 之间的差数。

3. 最后，每一种选择都需要加上这两项乘积。价值最好的结果被选中。所谓最好的价值就是指正数结果值的和最高，负数结果值的和最低。

莱汉和塞维奇的极小化极大—风险原则采取了不同的方法。与其他四种原则不同，它没有从一种悲观和乐观的角度来考虑结果价值，而是从一个远景的角度看待不同选择的结果价值之间的差异：如果操作者决定选择 A，那么结果就会是前景 1，该操作者就应该对选择 A 的结果和前景 1 中的最佳选择之间的差别感兴趣。如果这个差别很大，那就意味着存在很大的缺憾。如果差别很小，操作者的缺憾也就比较小。如果即将发生的前景中最好的方案被选中，那就等于没有缺憾了。这个极小化极大—风险原则就是力图尽可能减少缺憾。共有三个步骤：

1. 对于每一种前景都要计算出其他结果价值和最好的结果价值之间的差数，这些差数表示不同前景中可能产生的缺憾。

2. 界定出每项选择中可能存在的最大的缺憾。

3. 最后操作者决定选择最高缺憾值最低的那个结果。

现在用例子来说明这五项原则。某操作者被授权选择三位供应商提供的产品。由于三种产品相互之间存在竞争，他只能选择其中的一种。图表 8.13 是以欧元计算的依照决策减去所有成本之后每项产品的边际贡献。

第 8 章　确定选择方案总体结果的决策原则

图表 8.13　运用克服不确定性原则的出发点

标准和前景 选择	以百万欧元计算的利润总额		
	经济环境不好	经济环境一般	经济环境良好
产品 A	0	15	30
产品 B	-30	15	70
产品 C	-10	10	60

根据极小化极大原则，产品 A 应该被选中。在三个选择中，产品 A 的零数值（zero figure）是最低结果值中最好的一个。

如果运用极大化极大原则，那么产品 B 将受到青睐。7000 欧元的边际贡献代表了最高结果价值。

根据概率均等原则，所有三种选择的平均结果值都必须进行计算。它们等于：

- 产品 A：15000000 欧元
- 产品 B：18333000 欧元
- 产品 C：20000000 欧元

根据这个原则，应该选择产品 C。

如果我们使用乐观—悲观—指数原则，其结果就要依靠操作者乐观的程度或接受风险的态度。1/3 的给定值说明操作者是悲观的或者说小心谨慎的。根据这个假设，我们对三种选择做出了以下总体结果值：

- 产品 A：1/3 · 30000000 欧元 + 2/3 · 0 欧元 = 10000000 欧元
- 产品 B：1/3 · 70000000 欧元 + 2/3 · (-30000000) 欧元 = 3333000) 欧元

- 产品 C: 1/3 • 60000000）欧元 + 2/3 •（-10000000）欧元 = 13333000）欧元

所以应该选择产品 C。

图表 8.14 展示了关于极小化极大—风险原则的运用的结果，从图表中看到，产品 C 的最大缺憾值最低，当然这个选择将被选中。

图表 8.14　极小化极大—风险原则的运用

标准和前景 选择方案	以百万欧元计算的边际贡献			最大遗憾值
	经济环境不好	经济环境一般	经济环境好	
产品 A	0 - 0 = 0	15 - 15 = 0	70 - 30 = 40	40
产品 B	0 - (-30) = 30	15 - 15 = 0	70 - 70 = 0	30
产品 C	0 - (-10) = 10	15 - 10 = 5	70 - 60 = 10	10

§8.5　运用决策原则克服多价和风险问题或多价和不确定性问题

如果多价/风险或多价/不确定性问题同时发生，那么在确定整体结果时需要运用两个原则，这两个原则要依次使用。虽然这在方法上并没有什么新的内容，但它的确使整体结果的确定复杂化。插页 8.4 说明在一个有着多价和不确定性的决策问题中如何确定整体结果，因此需要使用到两种决策原则。

第8章 确定选择方案总体结果的决策原则

插页8.4 在多价和不确定性决策问题中决定选择的总体结果

一个企业打算将市场扩展到德国和波兰。该企业属于一个波兰家族,因此当评估四个选择时,在波兰创造就业机会与按现值计算的现金流量(discounted cash flow)一起被作为一个决策标准。所有选择的按现值计算的现金流量的大小取决于新的整合是否成功和能够创造多少积极的联合效果。

图表8.15 决策矩阵

标准和前景 选择	C_1:以百万欧元计算的未来五年的按现值计算的现金流量		C_2:在波兰创造的就业机会*
	S_1:整合情况良好	S_2:整合情况不好	
O_1:购买在德国和波兰拥有工厂的生产商U	$c_{111}=10$	$c_{112}=-4$	$c_{12}=$多
O_2:购买在波兰有工厂、在德国有销售机构的生产商V	$c_{211}=5$	$c_{212}=2$	$c_{22}=$很多
O_3:在德国和波兰为瑞士的产品设立新的销售机构	$c_{311}=2$	$c_{312}=0$	$c_{32}=$很少
O_4:没有扩展	$c_{41}=0$		$c_{42}=$没有

O_x = 选择方案

C_y = 标准

S_z = 前景

c_{xy} = 与标准y相关的选择方案x的单个结果

c_{xyz} = 与标准y和前景z相关的选择方案x的单个结果

* = 序数量表上的不同等次:"很多"、"多"、"一些"、"很少"和"没有"

图表 8.15 展示这个决策矩阵。

从决策矩阵入手,不确定性问题首先就在概率均等原则的帮助下得到克服。这项原则是一个风险居中的原则,而且这种方法是合理的,因为公司能够接受 400 万欧元按现值计算的现金流出(discounted cash drain)。图表 8.16 说明了这个结果。

图表 8.16 克服不确定性之后的决策矩阵

标准 选择	C_1:以百万欧元计算的未来五年的按现值计算的现金流量	C_2:在波兰创造的就业机会*
O_1:购买在德国和波兰拥有工厂的生产商 U	$c_{11} = 3$	$c_{12} =$ 多
O_2:购买在波兰有工厂、在德国有销售机构的生产商 V	$c_{21} = 1.5$	$c_{22} =$ 很多
O_3:在德国和波兰为瑞士的产品设立新的销售机构	$c_{31} = 1$	$c_{32} =$ 很少
O_4:没有扩展	$c_{41} = 0$	$c_{42} =$ 没有

$O_x =$ 选择

$C_y =$ 标准

$c_{xy} =$ 与标准 y 相关的选择方案 x 的单个结果

* = 序数量表上的不同等次:"很多"、"多"、"一些"、"很少"和"没有"

接下来,结果价值被转换为实用价值,按现值计算的现金流量的加权数值为 0.67,在波兰创造的就业机会的加权数值为 0.33。

第8章 确定选择方案总体结果的决策原则

图表8.17给出了实用价值、加权后的实用价值和三种选择的总体结果值。正如从图表中看到的,选择O_1很明显地获得了最高总体实用价值。因此,尽管它的风险最大,但仍然应该选择它。

图表8.17 克服多价问题之后的决策矩阵

标准和权重 选择	C_1:以百万欧元计算的未来五年的按现值计算的现金流量 W_1: 0.67	C_2:在波兰创造的就业机会* W_2: 0.33	总体结果
O_1:购买在德国和波兰拥有工厂的生产商 U	0.545 0.365	0.333 0.110	– 0.475
O_2:购买在波兰有工厂、在德国有销售机构的生产商 V	0.273 0.183	0.417 0.138	– 0.321
O_3:在德国和波兰为瑞士的产品设立新的销售机构	0.182 0.122	0.167 0.055	– 0.177
O_4:没有扩展	0.000 0.000	0.083 0.027	– 0.027
总计	1.000 0.670	1.000 0.330	– 1.000

O_x = 选择

C_y = 标准

W_z = 权数

* = 序数量表上的不同等次:"很多"、"多"、"一些"、"很少"和"没有"

上排数字 = 实用价值

下排数字 = 加权后的实用价值

§8.6 对决策原则的评估

前面我们讨论了各个决策原则的优势与劣势，在本节的最后，我们要进行一个系统的评估。图表8.18展示了运用范围、运行成本和

图表8.18 对不同决策原则的评价

决策原则	运用范围	运行成本	优势	劣势/问题
实用价值	克服多价性	大量的	能够正确地将不同的单个结果的总数加入到总体结果当中	—
准单价决策		有限的	—	■ 建立条件的等级应该是问题分析或制定选择方案的一个部分，而不应该是确定总体结果的一部分 ■ 取决于要求的等次，不太重要的结果类型可能会有很大的意义
期望值	克服风险	有限的	—	■ 不考虑操作者对待风险的态度 ■ 因此只适合于重复的、类似的决策或低风险决策
实用期望值		大量的	能够将对待风险的态度融入风险决策当中	■ 确立操作者对待风险的态度是不太容易的 ■ 构想的结果能够歪曲对待风险的态度
极小化极大 极大化极大 概率均等	克服不确定性	有限的	对于决策原则的选择使得对待风险的态度能够被考虑进来	■ 对于有风险的问题，涉及不同前景的可能性的信息不被考虑 ■ 存在着某些在运用时可能会导致不合情理的决策的环境
乐观主义—悲观主义—指数		中等的		
极小化极大风险				

第8章 确定选择方案总体结果的决策原则

不同决策原则的优缺点。该阐述的都在§8.2和§8.4中阐述过了,没有值得需要进一步解释的内容,只有一个例外。

这个例外与右边最下面的那个方块有关,它说明每一项用于克服不确定性的原则都有决策环境,这个环境对决策原则的使用会产生一个不合情理的结果。图表8.19给出一个决策环境,在这个环境中即使是一个抵制风险型的操作者也不会根据极小化极大原则进行裁决。对于抵制风险型的操作者来说,B项选择是没有什么意义的。即便对于各种可能性一无所知,在五个前景中放弃A项选择带来的利润机会也是不理智的,因为最差的情况是A项选择比B项选择的结果相差1%。(Krelle,1968,p.185;Rommelfanger/Eickemeier,2002,p.51 f.)

图表8.19 不应使用极小化极大原则的决策环境的例子

(选自 Krelle,1968,p.185)

前景 选择	前景1	前景2	前景3	前景4	前景5
选择A	0.99	10	10	10	10
选择B	1	1	1	1	1

第9章 对决策选择的总体评估

§9.1 介绍语

图表9.1告诉我们，对选择的结果进行一个总体的评估并作出最终的决策是一般启发式决策程序的最后一个步骤。

第七个步骤中的起点是已经做好的决策矩阵。选择方案、决策标准、前景假设和结果等都可以在矩阵中显示出了。有时，决策矩阵还能够提供前景假设发生的概率。图表9.2展示了这样的决策矩阵，这是在§7.5中介绍的决策矩阵，现在通过并入结果值而得到完善。

对选择结果的总体评估及其在此基础上作出的决策是一项很复杂的工作，需要将步骤七分为几个子步骤，用图表9.3说明。

第 9 章 对决策选择的总体评估

图表 9.1 一般启发式决策制定程序中的第七个步骤

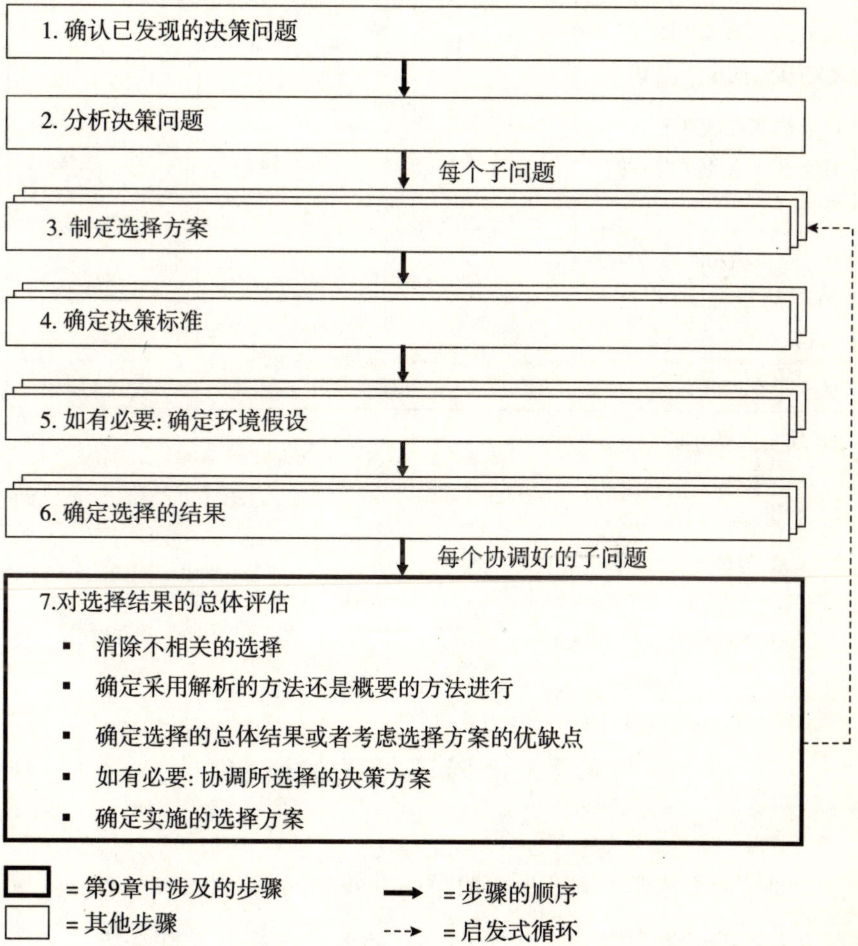

1. 确认已发现的决策问题

2. 分析决策问题

　　　　　　　　每个子问题

3. 制定选择方案

4. 确定决策标准

5. 如有必要: 确定环境假设

6. 确定选择的结果

　　　　　　　　每个协调好的子问题

7. 对选择结果的总体评估
   - 消除不相关的选择
   - 确定采用解析的方法还是概要的方法进行
   - 确定选择的总体结果或者考虑选择方案的优缺点
   - 如有必要: 协调所选择的决策方案
   - 确定实施的选择方案

☐ = 第9章中涉及的步骤　　　→ = 步骤的顺序
☐ = 其他步骤　　　　　　　--→ = 启发式循环

图表 9.2　决策矩阵的例子

标准和前景 选择	C_1：以百万欧元计算的未来五年的按现值计算的现金流量		C_2：在波兰创造的就业机会 *
	S_1：整合情况良好	S_2：整合情况不好	
O_1：购买在德国和波兰拥有工厂的生产商 U	$c_{111}=10$	$c_{112}=-4$	$c_{12}=$ 多
O_2：购买在波兰有工厂、在德国有销售机构的生产商 V	$c_{211}=5$	$c_{212}=2$	$c_{22}=$ 很多
O_3：在德国和波兰为瑞士的产品设立新的销售机构	$c_{311}=2$	$c_{312}=0$	$c_{32}=$ 很少
O_4：没有扩展	$c_{41}=0$		$c_{42}=$ 没有

$O_x=$ 选择方案
$C_y=$ 标准
$S_z=$ 前景
$c_{xy}=$ 与标准 y 相关的选择方案 x 的单个结果
$c_{xyz}=$ 与标准 y 和前景 z 相关的选择方案 x 的单个结果
＊ = 序数量表上的不同等次："很多"、"多"、"一些"、"很少"和"没有"

§9.2　清除不相关的选择

如果一个选择方案在所有决策标准和/或前景判断上与另一个选择方案相同或者更差，在决策的一开始就应该将其排除在外。之所以说它不相关，是因为有着一个自然秩序（natural order）的问题。

图表 9.4 展示了在多价确定性决策中自然秩序的例子。从图表

第 9 章 对决策选择的总体评估

中看出，在四个标准中，机器 A 有三个标准都低于 B，在容量方面两者相等，因此机器 A 在不需要检查总体结果的情况下就可以排除。所以操作者只需在 B 和 C 之间做出选择。

图表 9.3 评估全部选择方案和制定决策的子步骤

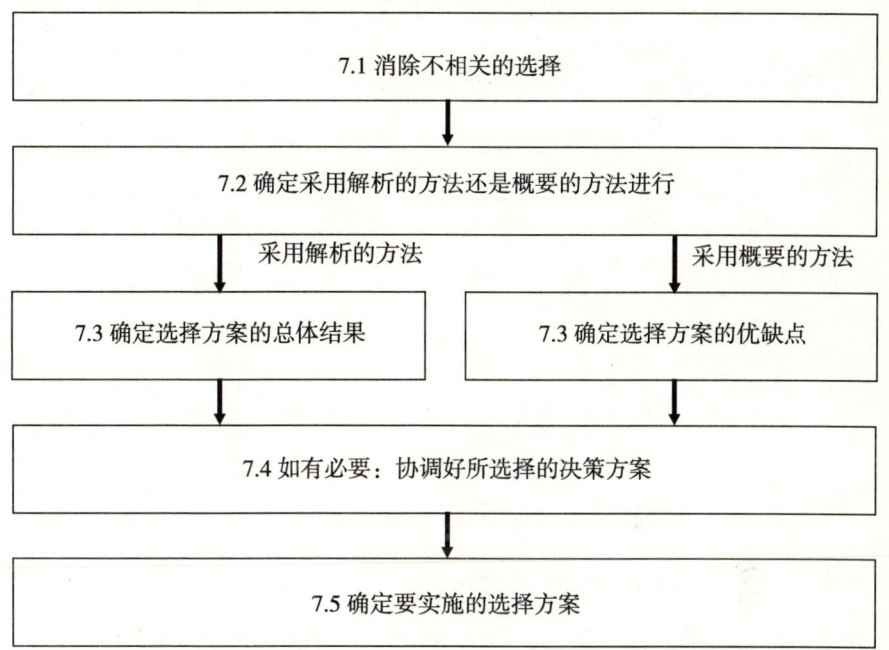

图表 9.4 自然秩序在多价确定性决策问题中的例子

决策标准 选择	以瑞士法郎计算的投资额	每小时生产量	精确到毫米	安全水准
机器 A	550000	1000	±0.2	好
机器 B	500000	1000	±0.1	非常好
机器 C	380000	1050	±0.15	令人满意

自然秩序还在其他四种模式中起作用：单价/风险、单价/不确定、多价/风险和多价/不确定。图表9.5给出了在多价/不确定决策中自然秩序的例子。由于只存在两种选择，选择B在所有方面都比A优越，操作者可以直接做出决策。

图表9.5 自然秩序在多价不确定性决策问题中的例子

标准和前景 选择	以瑞士法郎计算的项目成本		以瑞士法郎计算的未来五年的累计利润		技术利润
	专利申请成功	专利申请失败	专利申请成功	专利申请失败	
发展计划A	480000	440000	1250000	625000	高
发展计划B	430000	390000	1500000	975000	很高

§9.3 确定采用解析式方法还是概要式方法

在根据自然秩序调整之后的决策矩阵的基础上，决策者需要从两个不同的方面采取行动。

- 操作者可以采用解析式（analytically）方法并借助于决策矩阵确定选择的总体结果。在这些总体结果的基础上，他就能够选出一个方案，排除其他的方案。
- 操作者可以概要地（summarily）评估他感兴趣的选择方案，他可以选择其中的一个，或者采用启发式循环回到第三个步骤中，制定出新的选择方案。

对于一个确定的单价决策，没有必要考虑是否要采用概要的或解析的方法：选择方案的结果总是与整体结果相符合，这样就形成了决策的基础。图表 9.6 表现的是一个确定的、单价决策问题的矩阵：一个贸易公司必须决定三种相互排斥的产品中的哪一种应该包含在他们的考虑范围之内。由于这三种产品都将会有同样的销售量，因此操作者可以依据每种产品的边际贡献来进行判断。边际贡献不仅代表了单个的结果，而且还代表了总体的结果，所以没有必要确定应该先用决策矩阵来确定选择方案的总体结果还是概要地处理这个决策任务。

图表 9.6 单价确定性问题的决策矩阵

考虑范围内的产品	以瑞士法郎计算的单位总体利润
选择 A	50
选择 B	61
选择 C	46

对于多价的、有风险的、不确定的决策，或是集这三种特征于一体的决策——这是复杂决策的标志——一般管理学文献上都推荐解析式程序，使用一个或更多的决策原则。然而也有不少专家认为概要式的程序更好。

- 由于需要做大量计算，要想确定选择方案的总体结果往往是很困难的。这常常导致一个问题，那就是操作者在制定重要的决策时是否愿意相信总体结果。(Little, 1970, p. B – 466 ff.)
- 另外，还存在着决策环境的问题。在决策环境中，解析式程序的费用并没有得到合理解释：如果所有的选择效果都不好，那么自然就会想到启发式循环，即便在没有确定总体结果的情况下也是这样。但是也会产生这样的情况，如果一个选择方案明显好于其他的选择方案，那么自然秩序就会起作用，因为解析式方法很难显示出它的合理性。

- 为了解决多价决策问题，实用价值必须在解析式程序中确定下来。这时在比例尺度上衡量到的结果值，比如边际贡献、现金流量价值等都会在区间尺度上转换为实用价值。这样做会导致信息的丢失，而在概要式程序当中，信息则会得到保护。
- 如果操作者在概要式程序的基础上不能够制定出清晰的决策方案，他仍然可以采用解析式程序来确定选择方案的总体结果，并对它们进行比较。

在实际操作中，是采用分析式程序还是采用概要式程序不能仅仅依照这两种方法的优缺点来判断。如果是一个人做决策，他的性格特征和他对待分析式方法的态度就会起到很大作用。如果是一个群体做决策，那么对于决策方法的选择则会受到企业文化的影响。

本书的作者对于概要式决策方法有着正面的亲身经验。在现实中，与总体结果相比，将结果与决策矩阵结合起来将会得到更有意识的、更清晰的决策，因为总体结果是依靠计算得出结论的，因而比较难以理解。也许有人会怀疑，建立在对总体结果的主观判断之上的决策是否比建立在分析式规则上的决策更可靠。

§9.4 在解析式决策程序中确定总体结果

如果操作者决定在子步骤 7.2 中采用解析式方法，那么就必须在子步骤 7.3 中确定选择方案的总体结果。可以根据决策环境运用一到两个决策原则。第 9 章详细说明了这些程序是怎样完成的。

§9.5 在概要式决策程序中考虑选择方案的优势和劣势

如果操作者选择概要地决策程序，那么选择方案的优点和缺点就应该在子步骤 7.3 中确定下来。这时需要对决策矩阵进行讨论，也可以对决策矩阵进行评论。当不同的个人或群体在准备做步骤一到子步骤 7.4 的时候，这种情况常常会发生。由于这样的评论往往伴随着某个选择方案的提出，相关的文件也因此被叫做"决策建议"（decision proposition）。

§9.6 协调所提出的选择方案

在子步骤 2.4 中问题分析部分的最后，子问题被界定，其实施过程也被确定下来。这项工作的一个结果就是界定出相互依存的子问题并将它们进一步做平行处理（见 6.3.6）。在子步骤 7.5 中，需要付诸实施的每个子问题的解决方案被选定。但是在做这项工作之前，操作者必须弄清楚不同子问题的解决方法是否相互兼容，这个任务在子步骤 7.4 中完成。

很难在子步骤 7.4 中作出放之四海而皆准的结论。这个步骤涉及对各个子问题的解决措施之间协同作用（synergies）的评估。如果它们之间存在着积极的协同作用，或者根本没有协同效果，并不说明所提出的解决方案是起阻碍作用的。然而，如果它们之间有着负面的协同作用，那么决策者就必须确定是否要接受这样的决策。

通常他只会在它们之间负面的协同作用并不重要，或者他认为没有办法消除它们之间的负面协同作用的情况下才会这么做。

§9.7　确定选择方案的实施

最后，操作者在子步骤 7.5 中做出决策，选定一个方案。如果操作者对自己的决策方案没有信心并且认为还可以找到更好的解决方案，他可以决定制定其他的决策，这就相当于回到启发式程序的第三步。

为了实用的缘故，在决策制定程序的最后设法得到一个清晰的选择方案是非常重要的。同样也很重要的是，所有参与决策程序的人和所有受到决策影响的人都有知情权：是否制定出了一个决策，这个决策是怎样制定出来的。大多数军队在制定指挥官决策的规章条例时也是这样做的，这并不是巧合。

第 10 章 一个说明运用程序的案例

§10.1 初始情况

特种车辆（Special Vehicles）有限公司是一家制造专门交通工具的生产商，其产品包括在森林地带使用的交通工具、保养公路路堤的器械、运动场和高尔夫场地使用的交通工具等。公司设在瑞士东部，其大部分产品销往德国、奥地利和瑞士本土，由公司在这个领域的代表负责销售。过去的两年里，该公司的产品还由在法国、比利时和意大利的代表负责推销。但直到目前为止，业绩并不显著。

四年前，特种车辆有限公司在艰难中兼并了一个底盘制造商。这家位于苏黎世的公司生产多用途运载车的底盘。除了特种车辆有限公司有限公司以外，这家被兼并的公司还继续向瑞士的其他几家多用途运载车制造商提供配件。

图表 10.1 是这个有着 600 名员工的生产集团的组织结构图。从图中清楚地看到，直到兼并多用途运载车底盘公司以前，特种车辆有限公司有着完整的职能结构。接管之后，底盘公司中只有三个部门被合并到职能结构当中——开发部、财务部和人力资源部。从那时开始，特种车辆有限公司有限公司就不论在职能方面还是产品群方面都分成

了六个部分。从法律的角度来讲，该集团在结构上有一个母公司。

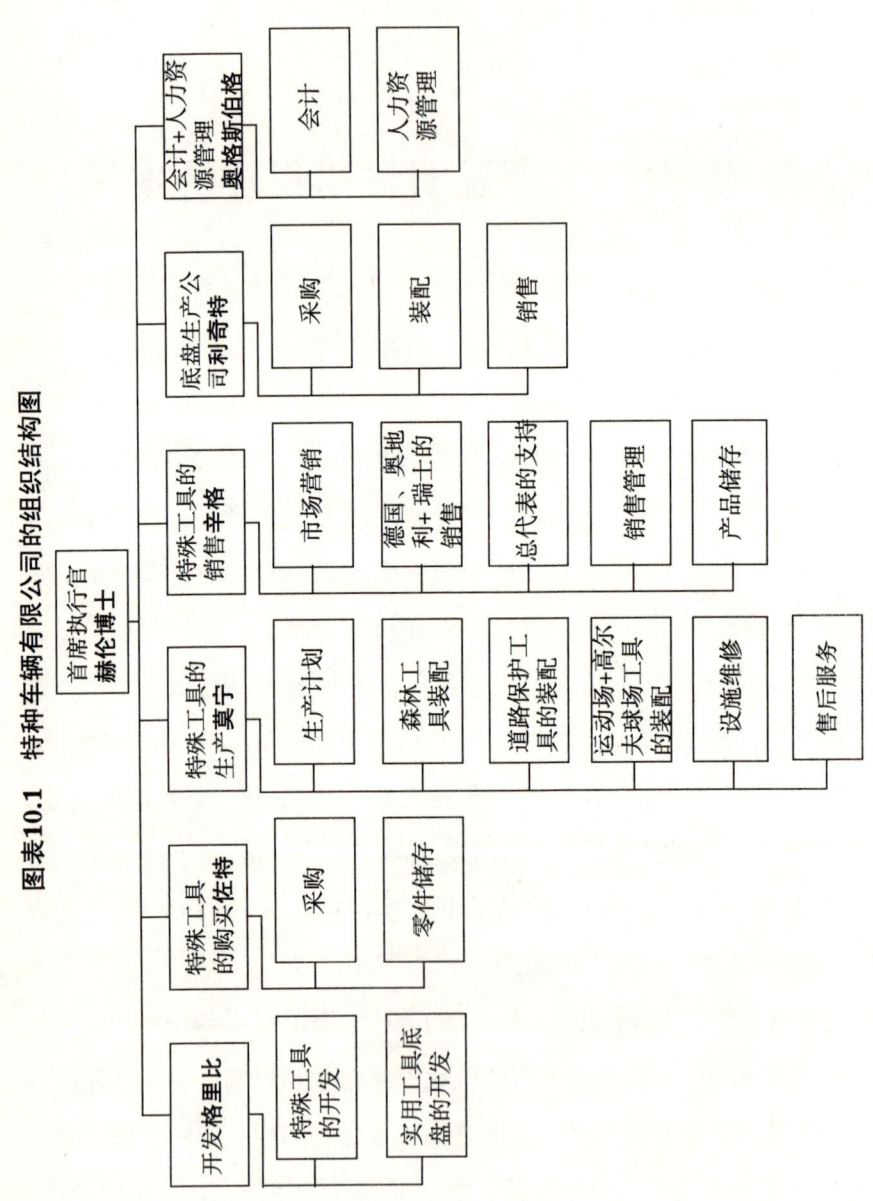

图表10.1 特种车辆有限公司的组织结构图

特种车辆有限公司的松散营业额（unconsolidated turnover）约为3.1亿瑞士法郎。

特种车辆有限公司由凯勒（Keller）和史崔赫（Strehl）家族所拥有。这个家族的原则是不允许家族成员参与公司的管理。在几年的时间里，公司由商业经济学家弗里茨·赫伦（Fritz Herren）博士管理，他得了家族完全的信任，并拥有广泛的管理执行权。从法律上讲，必须由董事会做出决策，然而赫伦博士是事实上的决策者，因此他就是这个决策活动中的操作者。

§10.2　确定已发现的问题

20XX+1年2月底，赫伦博士得到了前一年公司利润的数额：一百万瑞士法郎。他立即意识到，这些数字远远没有达到凯勒和史崔赫家族对特种车辆有限公司的期望。从销售数字和六月底以前得到的前半年的销售结果中，赫伦博士就已经感到20XX年的利润不会很高。但在半年结果的基础上，他计算出大约有350万瑞士法郎的利润，比前一年下降了100万瑞士法郎。

赫伦知道该企业的拥有者，也就是拥有大部分股份的这个家族的第三代人，希望在他们的资金财力上获得一定程序的收益，至少不低于那些低风险投资组合的收益。经过精确地计算认为特种车辆的股本为6000万瑞士法郎。如果按照5%这样的保守投资组合来计算，将产生300万瑞士法郎的利润——这是股东们所要求的回报水平。另外，即便利润很少，公司还要理所当然地为利润支付税额，同时还要进行必要的投资。基于以上情况，赫伦博士十分清楚，在目前状况与目标状况之间存在着巨大的差距。

如果存在决策问题，那就必须确定所观察到的差距一定有可靠的数据支撑。当奥格斯伯格女士向他通报了当时的结果之后，赫伦问她是否有必要将这些数据再做进一步的核实，她是这样回答的：

- 如果这些数字需要做重大修改的话，赫伦博士就不会得到这些数字了。
- 因为股票值比期望的低，详细目录被检查了两次。货物的价值也反复核对过，只有一些微小的差异，因此对货物的价值和纠正过的存货清单应该被看做是可信的。
- 去年销售的所有产品都有发货清单，还没有收到的票据都暂时记录在账本里了。
- 社会保险和增值税的扣除已经按照规定完成。由于这个缘故，即使官方来审查，奥格斯伯格认为不会有什么大的出入。
- 总之，在奥格斯伯格女士看来，将在3月份进行的由审计人员所做的年度计划检查将不会对25万瑞士法郎左右以上定单的利润数字做出改变。

赫伦博士认识奥格斯伯格女士已经许多年了，一直认为她是一位值得信赖的同事，因此对她关于形势的报告十分信任，并认为年度结果其实并不理想。

最后，在确认已经发现的问题时，赫伦博士必须决定从经济的角度上考虑，这个问题是否值得着手解决。目前情况下，他认为这个问题是纯学术性的，其重要程度足以使得决策者下决心对它进行彻底的分析。

第10章 一个说明运用程序的案例

§10.3 分析问题

10.3.1 界定决策问题并对其进行结构归类

问题的分析起始于奥格斯伯格与她的上司关于业绩不理想的讨论。她提到了两个不同寻常的事实：

- 多用途运载车底盘有限公司还有一些储存的零部件，这些类型的底盘都已不再生产了。要分期支付这个费用预计需要的45万瑞士法郎。

- 这种特殊交通工具的零部件的库存量在20XX年下降了280万瑞士法郎。奥格斯伯格在开会之前曾向采购部经理佐特先生询问过这件事。佐特解释说，库存量的减少是对发动机和传动轴的价格急剧增高的反应。由于他预计供应商们将会抵制价格的增长，至少在某种程序上是这样，于是他将库存量减少到绝对最低点。

基于这条信息，赫伦和奥格斯伯格能够确定，底盘公司的这种一次性的库存减少导致了年度结果的不佳。然而这个损失只有45万瑞士法郎，与所期待的目标和前几年所获得的结果相比，只是部分下降。与底盘公司必须消除的数量不同，佐特在母公司预定的库存量的减少对于年终结果并没有产生什么效果。既然交通工具的零部件依据先进先出的原则从仓库中提出，即便库存没有减少，相同的材料费用仍然会发生。

奥格斯伯格女士和赫伦博士之间展开的第一轮讨论的结果是召开一个管理层会议。会上将讨论不尽人意的年终结果，同时要界定决策问题并对其进行结构归类。

会议一开始，赫伦博士大致介绍了会议的目的：首先让每个参会者表达自己的观点，然后要对决策问题制定出大致的框架。

为了使讨论结构化，赫伦博士建议首先回顾底盘的建造情况，他请利奇特先阐述自己的观点：

- 利奇特先生说，库存中过时的和无用的零部件并没有从财产清单中清理出来，并为此表示了道歉。他只是在几个月前才开始接管这批存货，因此对情况缺乏全面的了解。
- 接下来利奇特把话题转向库存量的使用：公司每年10万台底盘的库存量被母公司使用，占总数的33%。另外的33%可以卖给第三方。其余的34%被浪费掉了。虽然利奇特先生已经在价格上做了下调，而母公司已经占据了100个额外的单位，但是总产量在前一年的基础上下降了800个单位，相当于下降了8%。
- 讨论完这个问题之后，利奇特先生开始说明市场地位。多用途运载车底盘有限公司销售两种类型的底盘。第一种底盘为专门的交通工具而制造。虽然他管理的公司提供的产品具有竞争性，但自特殊车辆有限公司接管之后，这个子市场中的许多顾客已经流失了。很显然，任何一家公司都不想从竞争者那里购买零部件。去年除了母公司之外，底盘公司只有两家客户：一个消防车制造商和一个救护车制造商，两者都只占有相对较少的单位，但是他们出的价格很不错。另外，底盘公司还生产拖车的底盘。尽管产品打折，去年他们还是损失了子市场中大块的市场份额。一家来自亚洲的生产商两年来一直在德语区非常成功地运作。销售数字显示，产品打折并没有为公司留住顾客起到

第 10 章　一个说明运用程序的案例

应有的作用。

- 最后利齐特先生谈到了特殊车辆有限公司支付给他们的送货价格。他坚持认为这个价格至少比市场价格低了 10%。然而，佐特却对此坚决否认，他认为总公司支付的价格高于市场价格。

- 这时赫伦博士打断了他们关于价格的争论。他向利齐特寻问改进的建议。利奇特认为，增加投资将会是一个很好的选择，这样可以改进生产，降低可变成本，并为用降低价格来赢回市场份额的措施创造条件。

- 赫伦先生再次指出，特殊车辆有限公司也可以从较低的市场价格中得到益处。这时赫伦博士打岔说，不应该再讨论内部价格问题了。

- 奥格斯伯格女士不认为新的投资是应该采取的前进方式。除了资产负债表上的 4500 万的股本资金（实际股本资金为 6000 万）之外，集团还有 6500 万法郎的债务，已经超出了借债能力。几年来，银行一直要求大量削减债务。20XX 年不佳的业绩无疑会增加来自银行的压力，公司不断下降的信誉评价（credit rating）还将使利率增加。

- 对于这些评论，利奇特回应道：他只是想指出基本的选择，他认为集中生产特殊交通工具的底盘是第二种可能的选择，但这意味着明年部分资本资产（capital assets）将一次性地贬值。

赫伦博士感谢利奇特的分析和关于改善环境的原创性建议并提议转入第二个议程，也就是运动场和高尔夫球场的维修设备。

- 当三年前决定进入运动场和高尔夫球场的维修设备这个子市场时，20XX−1 年和 20XX 年的生产预算分别是 750 件和 1500 件，但分别只有 450 件和 500 件被售出，这个结果让赫伦很失望。

在做了这样的开场介绍之后，他邀请辛格先生对市场进行分析。
- 辛格的分析以解释他们生产的其他两类产品的不同之处开始。森林和防护工具必须满足所有适应各种地势和安全方面的严格要求，而这一点对于运动场和高尔夫球场并不适用，所具备的数量和功能的类型也不同：对于森林和防护工具，顾客通常有更高的期望值，许多人要求有更多的特殊功能；对于运动场和高尔夫场维修设备的要求基本上是稳定的，大多数顾客满足于标准的设备。
- 运动场和高尔夫球场设备的市场需求大量增长，这种趋势还会持续很长时间，但是高竞争已经导致价格的下降，而市场增长的货币价值（cash value）很微小。尽管去年已经降价10%，特种车辆公司还是只能勉强保持住市场份额，竞争的强度之大可想而知。
- 主要的竞争并不是来自其他专门设备的生产商，而是来自生产花园器械的生产商。他们的产品构造更加简单，更像大的除草机，而不是交通工具。按照辛格先生的观点，当公司决定进入该市场时几乎完全忽略了这种竞争。
- 这时赫伦博士请格里比和莫宁谈谈自己的意见。格里比先生指出，他们的运动场和高尔夫球场维修设备在质量上占有优势，与竞争者的超大型割草机相比，他们的产品即便使用的强度很大，被维修的可能性仍然很小、使用的期限仍然很长。莫宁先生则强调流水线设备的使用率过低，3000个单位的生产能力只使用了16%。如果设备完全使用，即便平均价格降低到3.5万瑞士法郎，仍然就能够获得200万瑞士法郎的边际贡献。
- 这时辛格打断说，现在没有一个产品可以标价卖到3.7万瑞士

第10章 一个说明运用程序的案例

法郎。

在午餐之前,赫伦询问其他两个产品群的市场发展前景如何?这两个领域中生产容量的使用率怎样?

- 辛格先生相信森林工具市场在中期还会增长,对于长期而言,他预测有可能会停滞,也有可能增长速度缓慢,这是根据对森林的管理追求回归"自然"所得到的认可程度而判断的。对于防护工具,他预测拥有长期的市场增长。因为在森林和防护工具中存在大量的发生事故的风险,而且公共部门作为主要的顾主,将不会在这些领域承担风险,所以辛格断定,低成本的供应商将在未来感到举步维艰。

- 莫宁的陈述也使参与者在午饭之前态度都变得明确起来。20XX年森林交通工具生产线容量的使用超过90%,同期防护工具的生产线使用量超过100%。尽管生产运动场和高尔夫球场维修设备的员工超时工作,并且还雇用了一些临时工,某些产品的运送时间仍然需要几个月。辛格补充说,考虑到大量的定单不断到来,销售代表们没有拜访新的潜在顾客。

午餐之后,董事会制定出了决策框架,用图表10.2表现。从图中看到,决策问题被大致界定出来。业绩良好的森林和防护工具被包含进来,赫伦博士解释说,这两个产品的发展可以帮助解决其他领域的问题。

会议的最后,赫伦分配了下一步的工作:

- 奥格斯伯格女士和沃尔瑟先生负责成本分析。与过去的做法不同,这次的成本分析将在财务审计之前完成。

- 赫伦博士和奥格斯伯格女士一起向董事会汇报20XX年的不良业绩。

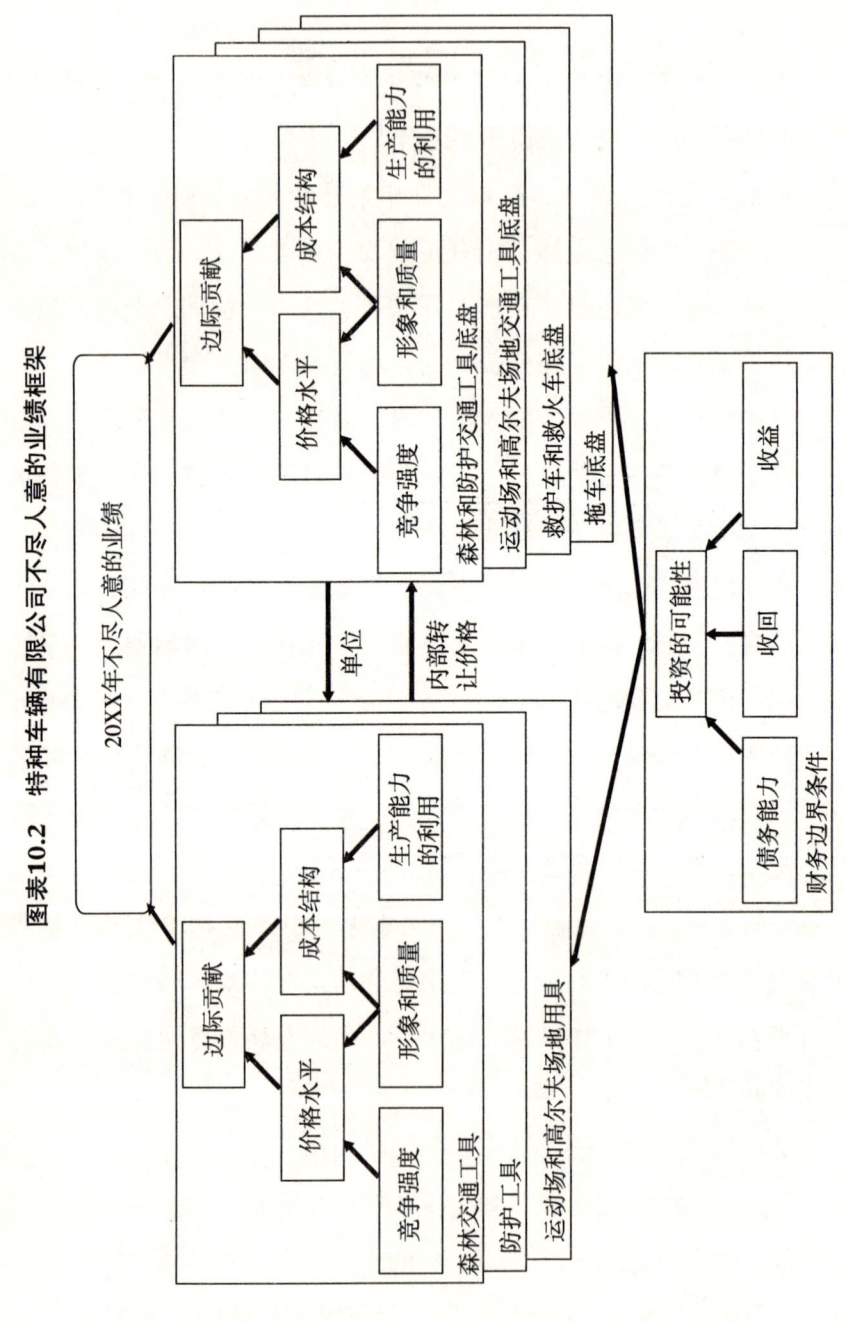

图表10.2 特种车辆有限公司不尽人意的业绩框架

10.3.2 获取相关数据

管理层会议之后，奥格斯伯格女士和沃尔瑟先生着手做了成本分析。图表 10.3 展示了一个星期紧张工作的结果。成本分析并没有将固定成本归为运营成本（cost carriers）。

赫伦博士感谢他们快速的合作，他认为二位所做的工作是这项决策的基础。正如利奇特先生在董事会特别会议上所解释的，不同类型的底盘之间存在很大的价格差异，因而也就存在着很大的利润差异。于是赫伦博士请奥格斯伯格女士和沃尔瑟先生对底盘的业务作出更为详细的分析。分析结果一出来，赫伦将在第二次董事会特别会议上对得到的数字进行讨论，并确定问题产生的原因。

10.3.3 确定问题产生的原因并决定下一步的工作

在接下来的管理层会议上，赫伦博士首先向团队的全体管理人员汇报了那次董事会特别会议的情况。他没有重复那些情绪化的评论，只汇报了两个事实：

- 凯勒和史崔赫家族否决了发行股票的提议并不打算提供任何新的资金。
- 董事会期待着紧迫的解决方案来保证在利润增长方面有迅速而持久的改进。

接着，奥格斯伯格和沃尔瑟陈述了他们所做的的成本分析。

利奇特询问所计算的 300 万股本资金的利息是否真正有必要，赫伦向他保证说这个数字绝对是最低数字：经过仔细对股本资金的评估，将数字定为 6000 万瑞士法郎并确定 5% 的利息，这低于特种车辆公司债券的平均利润。

图表 10.3　特种车辆有限公司的成本分析

内容	森林交通工具	路堤防护器械	运动场和高尔夫场维修设备	多用途运载车底盘
售出的单位数量	1100 1050	1900 1900	500 450	6800 7,600
纯销售价格	82 81	67 66	37 41	10.5 11
营业额	90200 85050	127300 125400	18500 18450	71400 83600
每单位可变生产成本 t	61 60.5	59 58	35 35	10 10
可变生产成本	67100 63525	112100 110200	17500 15750	68000 76000
边际贡献 I	23100 21525	15200 15200	1000 2700	3400 7600
折旧贬值 + 利息	1300 1300	1700 1700	3400 3400	— —
固定生产成本	1100 1100	1000 1000	800 725	— —
边际贡献 II	20700 19125	12500 12500	−3200 −1425	3400 7600
折旧贬值 + 利息 *		1100 1100		4000 4000
固定生产成本		800 800		2000 2200

第10章 一个说明运用程序的案例

（续图表）

内容	森林交通工具	路堤防护器械	运动场和高尔夫场维修设备	多用途运载车底盘
库存额外折旧贬值		—		450
		—		—
市场营销成本		11450		1600
		11950		2350
边际贡献 III		16650		−4650
		16350		−950
折旧 + 利息 *		500		
		500		
开发、采购、财务、人力资源和运作成本		13500		
		13400		
利润或损失		−2000		
		1500		

1st 数字 = 20XX 年
2nd 数字 = 20XX—1 年价值数字 = 1000 瑞士法郎
= 300 万瑞士法郎股本资金收益包含在 1200 万瑞士法郎的折旧费和利息当中

这时赫伦要求奥格斯伯格和沃尔瑟陈述他们关于各种类型的底盘赢利情况的总结。沃尔瑟将总结情况发放给大家，用图表 10.4 概括，并做出如下评论：

- 既然所有的产品都以相同的生产和销售机制为基础，固定成本的分派就没有必要进行了，只有边际贡献 I 被分配到运营成本当中。另外，还可以肯定 160 万瑞士法郎的市场和销售费用必须主要用于那些没有在国内销售的产品。

第Ⅱ部分 一般启发式决策程序

- 边际贡献Ⅰ这个数字都是估算出来的，而不是经过精确计算而得到的。由于20XX-1年的数字不可能确定，图表上只显示出20XX年的数字。

- 奥格斯伯格和沃尔瑟认为母公司制定的价格是合理的，只比市场价格略微高一点。然而，由于没有使用外部供应商，特种车辆公司只能通过对购入商品进行质量控制和采购零部件的手段来节约成本。

- 对边际贡献的计算说明大型拖车底盘的生产必须立即停止。

没有人对沃尔瑟的建议提出异议。

赫伦博士认为，在第一次董事会特别会议上的讨论结果和得到数据表明，导致问题产生的原因有两个：

- "拖车底盘"和"运动场与高尔夫球场设备"是公司的两个收益不足的产品群。对于赫伦博士来说，"特殊交通工具底盘"的环境并不明朗。

- 产品生产线部分被灾难性地过低使用。同时，生产能力的不足阻碍了销售潜力的开发。

借债能力缺乏是解决问题的主要障碍。这也是赫伦没有将问题分为"重新排列产品投资组合"和"调整生产能力"这两个子问题的原因。问题的解决应该从一个更全面的角度进行，需要包含所有子问题，这是能够保证它们得到资助的唯一方式。

赫伦博士抓紧时机、乘热打铁，将下一次董事会特别会议定在下周六早上并要求所有与会者考虑好解决方案。

图表 10.4　20XX 年多用途运载车底盘有限公司运营成本的边际贡献 I

内容	森林和路堤防护交通工具底盘	运动场和高尔夫场地设备底盘	救护车和救火车底盘	拖车底盘	共计
卖出单位数量	3000	500	900	2400	6800
纯销售价格	13.1	6	19	5	10.5
营业额	39300	3000	17100	12000	71400
每单位可变生产成本	12.4	6.2	16	5.542	10
可变生产成本	37200	3100	14400	13300	68000
边际贡献 I	2100	-100	2700	-1300	3400

价值数字 = 1000 瑞士法郎

§10.4　制定解决问题的选择方案

赫伦博士首先欢迎大家参加第三次董事会特别会议。一开场他就要求管理团队的每一个成员提出自己的解决方案：

- 奥格斯伯格女士首先提出了一个非常激进的建议。关闭多用途运载车底盘的生产和运动场及高尔夫球场设备的生产，将有关资产以能够得到的最好的价格卖掉。多用途运载车底盘公司的厂房位于大苏黎士地区，应该能够卖一个好价钱。
- 莫宁先生同意将多用途运载车底盘公司关闭。但是他认为应该把运动场及高尔夫球场设备的生产线转为生产路堤防护工具。
- 佐特先生支持他的观点。他强调说，可以从其他供应商那里以相同的价格买到多用途运载车底盘公司提供的底盘。
- 格里比先生接下来发言。他认为底盘在目前来说是森林和筑堤工具的重要的零部件。这个部件对于交通工具的稳定性和安全性极为重要,因此他对于放弃制造底盘的技术感到十分惋惜。他建议将底盘的制造转交给母公司,而不是将生产运动场及高尔夫球场设备的业务交出去。这样就能够把位于苏黎世的房产卖掉,同时底盘生产仍然继续。
- 利奇特先生觉得这是一个好主意,但他又指出,如果公司只局限于生产高价格底盘的话,那么底盘公司的固定生产成本仍然无法减少。
- 赫伦博士提出了另外一个问题:是否引入双班制来生产筑堤工具。这将意味着在没有任何新投资的情况下完全满足需求,实现边际利益的大幅增长。
- 奥格斯伯格女士支持他的观点。她补充说,新的生产所需要的员工可以从因为关闭运动场及高尔夫球场工具的生产而被临时解雇的工人中招聘。
- 最后,利奇特先生建议任命一名新的销售代表去寻求新的专门交通工具底盘的客户,这些客户也许是制造小型军用野战卡车的公司。赫伦最后总结说,没有在去年就尝试这些做法真是一个遗憾。

由于没有人提出新的建议,赫伦博士通过制定出各种选择的方式对这次讨论的结果做了总结。图表10.5展示了借助于白板工作了一小时之后所得到的结果。从矩阵图中看到,有五种选择浮出水面:
- 选择1a是奥格斯伯格的建议。她对于底盘生产和运动场及高尔夫球场设备的生产这个问题的对策是,通过大量缩减投资成本

第10章 一个说明运用程序的案例

来达到减少公司债务的目的。
- 选择1b将奥格斯伯格的想法与赫伦博士的想法结合起来。对于筑堤工具的生产实行两班制既能够得到减少投资成本所带来的益处，同时也能很好地利用市场的机会。

图表10.5 五种选择方案

选择	1a 大量减少投资	1b 大量减少投资和两班制生产	2 放弃非盈利产品	3a 放弃非盈利产品，卖掉苏黎世的工厂	3b 放弃非盈利产品，卖掉苏黎世的工厂和两班制生产
终止拖车底盘生产			X	X	X
终止所有底盘生产并缩减投资	X	X			
转让特殊交通工具底盘的生产并缩减对工厂的投资				X	X
为特殊底盘寻找新的顾客			X	X	X
终止运动场和高尔夫球场设备的生产并缩减对设备的投资	X	X		X	X
终止运动场和高尔夫球场交设备的生产并利用设备生产路堤防护器械			X		
两班制生产路堤防护器械		X			X

- 选择 2 是根据莫宁先生的建议得到的。迄今为止用于生产运动场及高尔夫球场维修设备的设施应该转为生产筑堤工具。应该取消生产不赢利的底盘，让位于生产有可观利润的底盘。
- 选择 3a 依据的是格里比的建议，其主要内容是停止生产不赢利的产品并卖掉苏黎世的房产。
- 选择 3b 涉及的是除了选择 3a 中提出的建议之外再采取筑堤工具两班制的措施。

§10.5 评估选择方案

赫伦博士对这五种选择感到很满意并希望很快使这项决策活动有一个结果。为了做到这一点，他计划确定决策标准并立即组织人员对决策选择进行评估，尽管这个计划原先并不在会议的议程之内。

赫伦博士自己提出了前三个决策标准。这三个标准是年度收入的改变与每个选择中都涉及的增加投资和减少投资的问题。奥格斯伯格补充说将预期的裁员人数作为评估标准之一。辛格提出了市场地位改变的评估标准，而格里比则提出了员工生产技能的提高。

没有人反对这些评估标准。赫伦认为可以设想这些标准在很大程度上相互之间都是独立的，因此可以用它们来评价这五种选择。这些选择对于结果所生产的效果以及所需要的投资和投资的撤回都由奥格斯伯格与辛格、莫宁和利奇特等共同商讨决定。沃尔瑟将仍然做数字统计工作。裁员的数量由莫宁和利奇特决定。剩下的

第10章 一个说明运用程序的案例

两个标准由管理层的全体成员进行评价，辛格和格里比负主要责任。

很清楚，这些选择方案的结果有一部分是不确定的。出售生产设施的潜在收入和在多大程度上能够确保额外定单都很难估量。由于无法对结果的价值进行评判，这个决策问题应该属于不确定性决策。考虑到特种车辆有限公司自身存在的困境，对于赫伦来说只能考虑最坏的一种情况。因此他决定只对悲观的价值进行确定。

按照日程安排，下一次会议三天以后如期召开。

会议一开始，奥格斯伯格和沃尔瑟给大家分发了几份表格，上面显示了每一种选择的财务结果（见图表10.6）。他们依次对这些表格做了解释，然后赫伦提了两个问题：

- 在不利的条件下，增加销售400辆筑堤工具和300个特殊交通工具底盘的预测目标能否实现？辛格和利奇特再次保证说这些数量是最悲观的目标。

- 减少投资的数量是否能够现实？奥格斯伯格的回答涉及位于大苏黎世地区的房产：如果苏黎世的房产不急于在一个月之内卖掉，而是可以推迟两年以后再卖的话，她认为2000万瑞士法郎是绝对的最低值。至于生产设施的问题，利奇特和莫宁的态度则比较模糊：虽然所制定的价值远远低于其实用价值，公司还是首先应该考虑在这些组装设备中哪些是别人感兴趣的。潜在的买主可能会在俄罗斯这样的国家寻求购买设备，尽管目前还没有与这些国家建立直接的联系。听完这些回答之后，赫伦博士将出售这些设备的收益和从相应的利息中得到的储蓄减掉一半。

第Ⅱ部分 一般启发式决策程序

图表 10.6 五种选择方案的财务分析

选择	利润提高	投资	投资缩减
1a 大量投资缩减	• 从停止运动场和高尔夫球场的生产中获得 300 万，负边际贡献Ⅱ中只保留折旧费 • 从终止底盘生产中获得 310 万；负边际贡献Ⅲ中只保留折旧费 • 通过投资缩减得到 150 万的存款利息	—	• 财产销售 2000 万 • 底盘生产 600 万 • 运动场及高尔夫球场设备生产线 400 万
1b 大量投资缩减和两班制生产	• 从停止运动场和高尔夫球场的生产中获得 300 万；负边际贡献Ⅱ中只保留折旧费 • 从终止底盘生产中获得 310 万；负边际贡献Ⅲ中只保留折旧费 • 从额外的 400 个筑堤机械的边际贡献中获得 200 万；扣除两班制成本之后 • 通过投资缩减得到 150 万的存款利息	—	• 财产销售 2000 万 • 底盘生产 600 万 • 运动场及高尔夫球场设备生产线 400 万
2 放弃不盈利的产品	• 从停止运动场和高尔夫球场的生产中获得 300 万，负边际贡献Ⅱ中只保留折旧费 • 从终止拖车底盘和运动场及高尔夫球场交通工具底盘获得 120 万； • 从额外的 400 个筑堤机械的边际贡献中获得 300 万； • 从额外的 400 个筑堤机械底盘的边际贡献中获得 20 万； • 从额外的 300 个 第三方需要的特殊底盘的边际贡献中获得 90 万； • 新投资的利息支付和折旧贬值为 -80 万	运动场和高尔夫球场设备生产线折合 400 万	—

（续图表）

选择	利润提高	投资	投资缩减
3a 放弃不盈利的产品并卖掉苏黎世的工厂	• 从停止运动场和高尔夫球场的生产中获得300万，负边际贡献Ⅱ中只保留折旧费 • 从终止拖车底盘和运动场及高尔夫球场交通工具底盘获得120万 • 从额外的300个第三方需要的特殊底盘的边际贡献中获得90万 • 新投资的万利息支付和折旧贬值为 –100万 • 通过投资缩减得到120万的存款利息	500万启动底盘生产设施	• 财产销售2000万 • 运动场及高尔夫球场设备生产线400万
3b 放弃不盈利的产品并卖掉苏黎世的工厂，两班制生产	• 从停止运动场和高尔夫球场设备的生产中获得300万，负边际贡献Ⅱ中只保留折旧费 • 从终止拖车底盘和运动场及高尔夫球场设备底盘获得120万 • 从额外的400个筑堤机械的边际贡献中获得200万；扣除两班制成本之后 • 从额外的400个筑堤机械底盘的边际贡献中获得20万 • 从额外的300个第三方需要的特殊底盘的边际贡献中获得90万 • 新投资的利息支付和折旧贬值为 –100万 • 通过投资缩减得到120万的存款利息	500万启动底盘生产设施	• 财产销售2000万 • 运动场及高尔夫球场设备生产线400万

接下来他们开始讨论这些选择在市场上可能生产的结果。辛格制作的表格被用来作为讨论的基础（见图表10.7）。在做了简短的检查和研究之后，大家认为这个表格是完整而精确的。

图表 10.7　五种选择方案的市场地位

选择	市场地位的改变
1a 大幅度投资缩减	• 从底盘市场退出 • 从运动场和高尔夫球场设备的子市场中退出——该市场是价格敏感的并与资源不相符合 • 在有吸引力的森林和筑堤工具子市场中保持强有力的市场地位
1b 大幅度投资缩减和两班制生产	• 从底盘市场退出 • 从运动场和高尔夫球场设备的子市场中退出——该市场是价格敏感的并与资源不相符合 • 进一步巩固在已经有着较强优势的有吸引力的森林和筑堤工具子市场中的地位，在有吸引力森林交通工具子市场中保持强有力的市场地位
2 放弃不盈利的产品	• 将底盘的生产集中在特殊交通工具底盘的子市场上，这是有吸引力的，与资源相吻合，并与其他交通工具的生产相配合 • 从运动场和高尔夫球场设备的子市场中退出——该市场是价格敏感的并与资源不相符合 • 进一步巩固在已经有着较强优势的有吸引力的筑堤工具子市场中的地位，在有吸引力森林交通工具子市场中保持强有力的市场地位
3a 放弃不盈利产品并卖掉苏黎世的工厂	• 将底盘的生产集中在特殊交通工具底盘的子市场上，这是有吸引力的，与资源相吻合，并与其他交通工具的生产相配合 • 从运动场和高尔夫球场设备的子市场中退出——该市场是价格敏感的并与资源不相符合 • 在有吸引力森林交通工具子市场中保持强有力的市场地位
3b 放弃不盈利产品并卖掉苏黎世的工厂和两班制生产	• 将底盘的生产集中在特殊交通工具底盘的子市场上，这是有吸引力的，与资源相吻合，并与其他交通工具的生产相配合 • 从运动场和高尔夫球场设备的子市场中退出——该市场是价格敏感的并与资源不相符合 • 进一步巩固在已经有着较强优势的有吸引力的筑堤工具子市场中的地位，在有吸引力森林交通工具子市场中保持强有力的市场地位

第10章 一个说明运用程序的案例

关于结果的矩阵图在白板上被画出来。图表10.8显示了这个矩阵图的结果,它将作为最后决策的基础。

图表10.8 决策矩阵

标准 / 选择	利润提高	投资 t	投资缩减	裁员	市场地位	技能
1a 大规模缩减投资	7.35万	—	250万	145	1市场;保持特殊市场的地位	失去底盘生产技能
1b 大规模缩减投资和两班制生产	9.35万	—	250万	110	1市场;扩大特殊市场的地位	失去底盘生产技能
2 放弃不赢利产品的生产	750万	400万	—	50	2市场;扩大特殊市场的地位	保留底盘生产技能
3a 放弃不赢利产品的生产并卖掉苏黎世的工厂	520万	500万	220万	95	2市场;保持特殊市场的地位	保留底盘生产技能
3b 放弃不赢利产品的生产并卖掉苏黎世的工厂和两班制	740万	500万	220万	50	2市场;扩大特殊市场的地位	保留底盘生产技能

§10.6　做出决策

在仔细研究了图表 10.8 中展示的决策矩阵之后，赫伦博士已经很清楚他应该把选择 3b 提交给董事会。

基于以下考虑，赫伦博士优先选择了 3b 方案：

- 公司的财政状况意味着任何一种不能从根本上缓解公司债务的选择都是有问题的。公司目前这种糟糕的情况将增大来自银行的压力，而且私人信贷非常昂贵。由于以上原因，选择 2 是无法实现的。
- 既然实行筑堤工具生产的双班制能够保证带来额外的 200 万瑞士法郎的边际收益，这个选择必须实施。选择方案 1a 和 3a 因此不再考虑。
- 至于剩下的两种选择 1b 和 3b，前者在短期的财政收益上是很有吸引力的，可以更多地减少投资，不需要新的投入并消除失败的根源。然而，选择 3b 提供了通过集中战略使公司重新具有了产生底盘的可能性。如果这个方案成功的话，特种车辆公司就是以三条腿站立而不只是两条腿站立。更重要的是还可以节省 60 个工作岗位。如果这个尝试失败了，还可以快速地转向方案 1b，这样，500 万瑞士法郎的生产运作投资也就一笔勾销了。

赫伦博士要求沃尔瑟在一周之内准备一份报告，提交给下一次董事会，顺便在与银行和工会的会议上使用。报告必须包括：

- 成本分析，以底盘生产中的产品群所创造的边际贡献 I 做补充。
- 介绍五种选择方案。
- 对选择方案的评估。
- 他所倾向的决策方案及其选择该方案的原因。

第Ⅲ部分　特殊的决策问题以及解决这些问题的方法

第Ⅲ部分 特殊的决策问题以及解决这些问题的方法

在本书的前面两个部分我们主要讨论了复杂的决策问题，这些复杂的问题是可以独立看待和逐步解决的。但通常的情况是，在一个决策顺序中，一系列决策问题是相互关联的。

在制定决策时，可能会出现的另外一个问题就是信息的获取。是在现有信息的基础上完成，还是需要首先获得新的信息？这个问题在前面的部分没有涉及。

另外一个还没有涉及的困难领域就是集体决策，许多极其重大的决策都是由群体作出的。为了使本书的结构十分清晰，这三个在实际操作中非常重要的议题被安排在第Ⅲ部分中。

读完第Ⅲ部分之后：
- 读者将会熟悉决策顺序的概念、怎样表现决策顺序并掌握完成相关工作的方法。
- 读者将了解信息获取决策的实质问题，怎样完成信息获取决策。
- 读者将对集体决策有一个全面的了解并熟悉集体决策的程序和规则。

第三部分共有三章：
- 第11章讨论决策顺序问题。首先将决策顺序与其他复杂的决策程序区别开。接下来介绍两种能够表现并完成决策顺序的方法。最后我们用了一个案例来说明怎样将我们提供的两个方法——决策树（decision tree）和回流法（roll-back method）用到实践当中。
- 第12章讨论决策信息的获取。首先是将信息的获取作为解决问题过程中的一种决策。接下来我们提供了怎样制定信息获取决策的实用方法。所提出的建议在某种程度上来自作者的实际经验，也大量吸收了贝耶斯（Bayes）的论述。这个建立在一系列严格条件之上的方法以插页的形式出现。
- 第13章是集体决策。我们先为集体决策下定义并说明它的重要性。然后对集体决策的两个主要限制条件——集体目标系统和集体决策行为进行了讨论。最后用了较长的篇幅来介绍集体决策的方法。我们首先总结了阿罗（Arrow）的观点，他提出了一些制定理性的、民主的集体决策所应有的条件，并说明这些条件是不可能同时全部得到满足的。最后，我们用一些经典规则和几个更加复杂的集体决策方法作为结尾。

第 11 章　决策顺序

§11.1　决策顺序与有着几个子问题的决策问题之间的区别

在第 5 章里我们介绍了适合于解决复杂决策问题的一般启发式决策程序。正如我们所了解到的，复杂的决策问题都具备一个特点，那就是原因的多样化。在问题分析步骤中区分各种不同的子问题，这些子问题或者被平行地解决，或者被按照顺序逐一解决。我们可以给出一个相关的例子：在销售人员中存在着令人不满的表现，原因是目标不够明确以及没有能够对这些销售人员产生足够激励的薪酬体系。一个有效的薪酬体系只有在清晰的目标确定之后才能制定出来，所以很明显必须先解决销售目标这个子问题之后才能解决销售人员薪酬这个子问题。因此，操作者面临着一个顺序的选择，也就是需要先解决哪个子问题。一旦销售目标这个子问题得到解决，操作者就应该立即着手解决销售人员薪酬这个子问题。根据销售人员绩效不佳问题的急迫性，第一个子问题应该在一个星期之内，或者几个月之内完成。但在任何情况下操作者都应该在可行的时间范围内解决导致销售人员表现不好的全部问题。

第Ⅲ部分　特殊的决策问题以及解决这些问题的方法

第 11 章并不涉及这种需要在一定时间框架内解决的总问题中子问题的顺序安排。我们在这里所说的决策顺序指的是另外一种情况，即正在讨论的一个、几个或全部选择方案将会导致已经能够预测到的决策问题，时间也许是在几年之内。为了现在就作出正确的决策、选择出最合适的方案，操作者必须考虑到这些未来的决策、选择方案及其结果。当然这只有在操作者能够现在就认识到并能够界定出这些未来将会出现的决策、选择方案及其结果的情况下才有可能实现。

§11.2　使用决策树来展示决策顺序

本书的第二部分用决策矩阵来概括了决策问题，但是这种形式不适合用于包含了需要在不同时间段做出决策的决策顺序。决策树这种表现方式对各种相互关联的决策以及与它们相关联的选择和结果提供了更加清晰的概念。决策树能够将复杂的决策环境表现出来，比如投资决策中最终的选择方案都能够清楚地展示并得到评估。(Copeland & Tuffano, 2004, p. 74 ff.)

决策树拥有以下特征：
- 它是从视觉上来体现的。
- 至少在两个不同的层面上表现出相关的决策问题。
- 包括了所有相关的选择和这些选择的最终结果。
- 在风险和不确定决策中，决策树至少还包括了又一个表现了前景的层次。(Bamberg, 1993, p. 886 ff.)

图表 11.1 是两个决策树图表。第一个图表表现的是在确定的条件

第 11 章 决策顺序

图表 11.1 决策树的两个例子

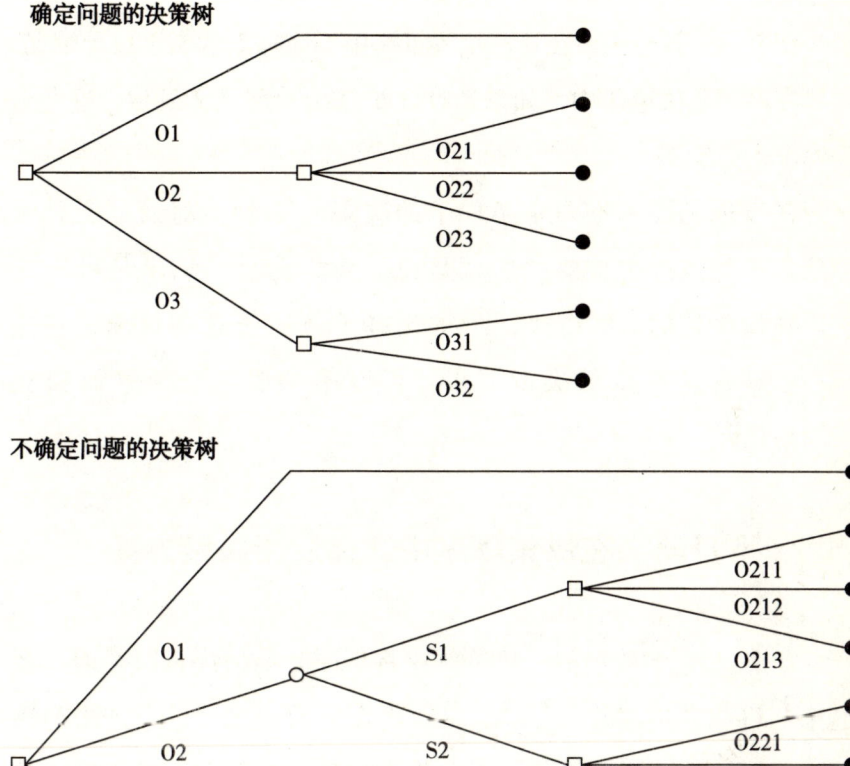

下拥有两个层面的决策问题,第二个图表展示了不确定条件下的顺序。除了两个层面的决策,还有一个层次表现前景。在仔细研究这

两个数字时必须注意两个问题：
- 今天作出的决策也许不会导致今后其他决策的产生，或者能够使其他决策产生。在这两个决策树中，选择1就属于这种情况。在第二个决策树中，如果选择3被选中，前景2发生，这种情况也会发生。
- 在表现风险和不确定条件下的决策问题时，前景可能只对单个的选择很重要。这就是说，某些选择的结果是可以准确预测到的。第二个图中的选择1就属于这种情况，它并不导致进一步的决策，并且可以不参照两个前景而独立评估。

§11.3 在决策顺序中选择最佳决策方案

如§11.1中所说的，决策顺序将不同时期的决策清楚地联系起来。目前对决策的选择能够暗示出今后的决策，这个未来的决策已经能够预测到。然而，在目前所需要的决策与今后所需要的决策之间的联系并不意味着这些决策问题必须立即解决。可以得到的未来决策和/或这些决策的结果很可能在最初的几年里不断改变，因此如果决策在几年之后才需要做出的话，现在就解决这些未来的决策问题就显得不合理了。目前所要解决的是眼下需要解决的问题。当评价目前可以选择的决策方案时，有必要将那些未来的选择及其可能产生的结果考虑进来。如果不这样做，未来的机遇和威胁以及目前决策的基本效果都将会被排除在现在的决策之外。

第 11 章 决策顺序

在决策顺序中，选择目前最佳方案的开端就是决策树。决策的结果在图的最右端表现出来，正如从图表 11.1 中所看到的那样（Bamberg, 1993, p. 891）。在决策顺序中目前决策的结果必须扩大，直到今后选择方案的结果都包含进去。与在本书第Ⅱ部分中所讨论的一样，当判断目前决策的结果时也需要把可能产生的前景包括进来。

与独立的决策相似，对于目前决策的最佳选择可以通过简要的评估得到，也可以在分析过程的基础上得到。

如果采用概要的决策方法，那么操作者就应该研究决策树。在这些数字的基础上，他可以对各种不同的决策进行全面的评估并作出最后的选择。由于决策树能够为我们提供哪怕是相对复杂的决策结果的清楚概况，概要式的程序往往是比较合适的。

解析式方法的目的是确定选择方案的整体结果和筛选出最有利的方案。总体结果的确定可以通过所谓的回流法（roll-back method）而得到（Bamberg, 1993, p. 891 ff.）：

1. 如果面对的决策问题是多价的，那么这个多价决策必须在决策树的低端直接得到克服。为了做到这一点，可以使用第 8 章中展示的决策原则中的一个。

2. 接下来决策的结果必须首先从右边进行总结，然后一步步往左边移动。

2.1 在决策节点上，应该选择的是结果比较好的方案，任何案例都是如此。

2.2 在机会节点上必须计算并选择出最佳的结果价值。要做到这一点，必须运用克服风险决策的原则对付风险问题；用克服不确定问题的决策原则对付不确定性问题，这些原则在第 8 章中已经交代过了。

现在我们用一个例子来解释回流法程序。图表11.2 展示了由图表11.1 演化而来一幅决策树,该图所涉及的是一个不确定性决策。在图的最后端显示了用净现值(net present value)表现的决策结果。由于没有其他结果出现,说明这是一个单价决策:

图表 11.2　不确定情况下的决策树

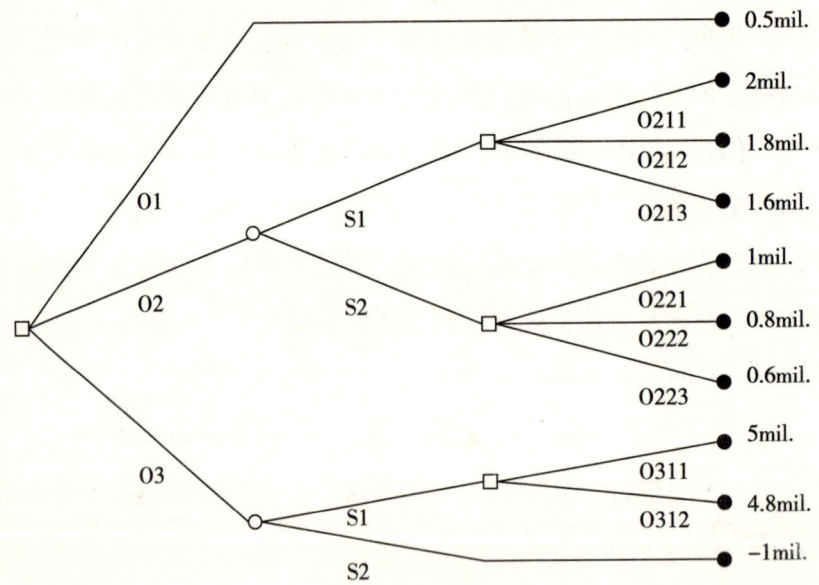

□ = 决策节点
○ = 机会节点
● = 纯收入的净现值
O = 选择
S = 前景

- 首先要界定出图右边每一个决策节点的比较理想的选择。最好的选择是 O211(200 万)、O221(100 万)和 O311(500 万)。
- 接下来要计算位于图中间的两个决策节点的结果价值。比如在

第 11 章 决策顺序

该图中可以使用等概率（equal probability）原则来进行计算，其结果是上面那个机会节点的值为 150 万，下面的机会节点为 200 万（如果使用了极小化极大原则，这些值就会分别变成 100 万和 – 100 万）。

- 现在我们应该在左边的三个决策节点中做出选择。在这三个选择中，O1 显示出 50 万，O2 是 150 万，O3 为 200 万，所以操作者选择了 O3。这样做是冒了很大的风险的，因为这取决于不同前景出现的可能性，如果前景 S1 中的情况发生，结果就会是 500 万，如果前景 S2 中的情况发生，结果就是 – 100 万（一个害怕失败的操作者显然会在决策节点这个层面上使用极小化极大原则。这样做将会得到以下几个值：O1：50 万，O2：100 万，O3：– 100 万，于是 O2 将被选中）。

§11.4　关于决策顺序的案例

奥布利克斯（Obelix）是一家位于苏黎世的生产高质量注射模塑产品的工厂。该工厂采用的是三班倒工作制，每年的生产工时为 16 万机时（machine hours）。2009 年，奥布利克斯失去了一个最主要的瑞士客户，为了弥补定单减少所造成的损失，奥布利克斯开始在欧盟国家寻求开展业务。2009 年，他们在德国和波兰找到了新的客户。2010 年一开始，一位有经验的销售代表凯斯勒（Kessler）先生走马上任，成为出口销售部门的领导。他成功地争取到了更多的新顾客并且逐步提高了本来并不令人满意的利润，同时在瑞士市场也得到了几个新的客户。

第Ⅲ部分 特殊的决策问题以及解决这些问题的方法

2012年初，奥布利克斯首次面临生产规模不够的问题，如果靠自己的产生能力将无法完成所有的定单。最基础的部件将不得不转给外部生产者去完成。图表11.3表明，公司对未来预测的结果是公司在瑞士的定单将停止增长，但目前的高水平状态还将保持一段时间。同时对德国和波兰的预测都显示出定单继续增长的迹象。在欧盟国家，不论是价格还是产品的成本都低于瑞士，因此早在2010年凯斯

图表11.3 奥布利克斯公司定单数量的发展情况

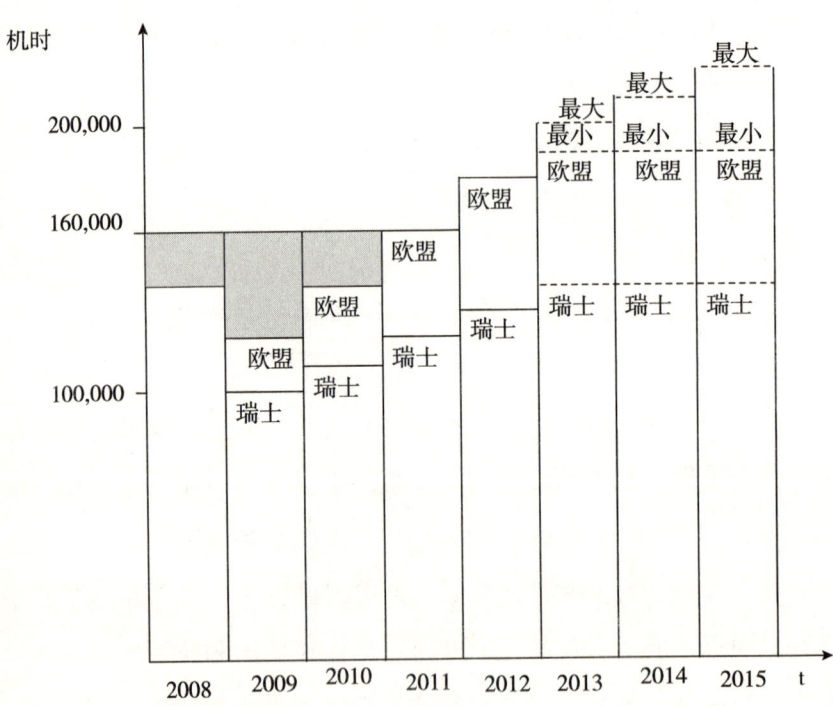

瑞士 = 来自瑞士的实际订单量
欧盟 = 来自欧盟的实际订单量
▨ = 尚未使用的针对瑞士订单的产生能力
瑞士 = 针对瑞士的订单量预测
欧盟 = 针对欧盟的订单量预测

第 11 章 决策顺序

勒就建议在欧盟国家开展产生。考虑到 2012 年生产规模不足的问题，公司管理层在 2011 夏末要求凯斯勒在年底就这个问题提出解决方案。

2012 年 1 月，公司召开了为期一天的战略研讨会。首先由公司的首席管理者辛格先生向大家介绍他在 2011 年 8 月规划出的战略框架：

- 在瑞士的业务与在欧盟国家的业务必须尽可能地分开进行。
- 计划中的 2013 年瑞士业务的生产量和订单量之间的缺口需要首先决策，其规模初步设定为 2 万机时，这是为了满足瑞士国内的需求。
- 由于欧盟国家的需求发展难以预测，生产规模必须小心谨慎地一步步扩展。

接下来凯斯勒介绍了他的分析结果。最重要的欧盟客户都集中在华沙和斯图加特（德国西南部城市 \）一带。在波兰的投资和劳动力都比斯图加特地区便宜得多，所以公司应该在华沙地区开展生产业务。鉴于图表 11.3 中显示的预测结果，又考虑到辛格提出的战略框架凯斯勒建议从 2013 年开始确定一个 6 万机时的计划。这个计划首先保证对欧盟国家定单数量所做的保守估计，也就是 1 万机时。如果更为乐观的估计得到证实，那么到了 2013 年，所有的机时都将被使用。基于这样的分析，凯斯勒提出了在 2012 年底之前实现的三个可行的选择方案：

（1）重新购买或者翻修现有的生产设施 4500 平方米。需要购买的生产设备费用为 210 万欧元，翻修现有的生产设施需要 190 万欧元，两项加起来刚好能够满足 6 万机时的要求，但这意味着要在一栋厂房的两层楼上进行生产，这显然不够理想。在现有的厂房内不可能再有扩展。

(2) 建立一个2万平方米的工业园 (industial parcel)：

一个2万平方米的工业园需要500万欧元的投资。在里面建设所需要的厂房还将投入700万欧元，这样可以留出1万平方米的备用空间。所需要的设施就可以集中在一层楼上。根据凯斯勒的建议，如果没有必要保留备用空间的话，可以在今后毫不费力地将它们卖掉。

(3) 购买1万平方米的工业园，在三年之内再购买1万平方米。1万平方米的工业园需要250万欧元的投入，与第二个选择一道考虑，建造所必须的1万平方米的厂房还将在这个基础上投入700万欧元。相邻的1万平方米工业园可以用相同的价格，即250万欧元买下，直到2015年中期。

介绍完这三个选择方案之后，凯斯勒向会议展示了图表11.4中的决策树，并作出了以下评论：

- 决策树以图表左端的决策节点开始，树的三个分枝代表在华沙地区投资的三个选择，这在前面已经提到过了。
- 三个选择的结果都取决于在欧盟国家取得订单的数量。为了把这一点表现出来，凯斯勒将三个分枝或选择的机会节点都包含进来。每个机会节点都有一个每年增长1万机时的计划，也就是说订单的数量停留在每年5万机时的水平上，这样的水平是公司在2012年很可能达到的。如果每年增加1万机时的订单量，那么运转的第一年就会达到6万机时。根据凯斯勒先生的看法，2014年和2015年的进一步增长将导致使用在瑞士的备用设施，或者外购设施，很可能两者兼有。考虑到持续的增长，

第 11 章 决策顺序

图表 11.4 凯斯勒的决策树

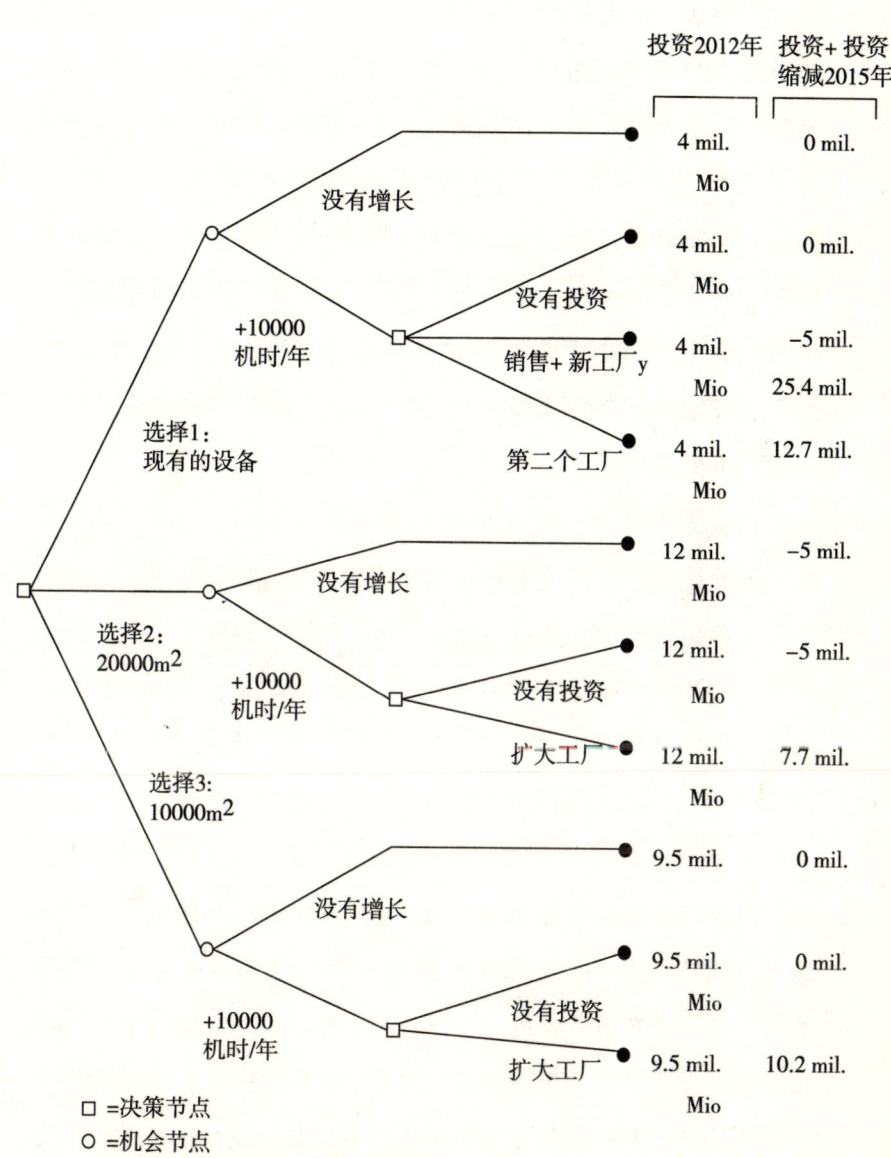

□ =决策节点
○ =机会节点
● =以欧元计算的投资和投资缩减的净现值

至少在 2014 年底必须作出是否在华沙扩大生产规模的决策，如果需要的话，扩大多少。

- 如果在 2015 年需要扩大生产，凯斯勒建议扩大一倍。计算结果显示，到 2016 年，全部所需要的 1.2 万个机时中，必须达到 9 万个机时。

- 奥布利克斯公司已经开始朝着目标陈述的方向行动了，因此从来没有对核心活动以外的项目投资。结果凯斯勒认为如果增长停滞的话，选择 2 中 1 万平方米的备用土地将在 2015 年卖掉。至于假设增长停滞的选择 3，在 2015 年之前购买更多土地的可能性将不被考虑。

- 凯斯勒预测 2015 年的土地成本将会增加，达到每平方米 500 欧元，另外建立工厂的成本将会增加 10%，这也应该计算进去。

- 如果定单数量增加，那就需要在 2015 年初就做出决策。如果选择目前的第一个决策方案就有可能卖掉 2012 年才需要的设施，而修建一个全新的、更大的工厂。由于这个地区土地的增值，在 2015 年出售设施将带来 500 万欧元的收益。除开土地成本的 1000 万欧元，建造一个提供所需设施的工厂的成本是 1540 万欧元。另外一个选择是在 2015 年建立第二个工厂，在两个不同的地点继续开展生产，这将耗费奥布利克斯公司 500 万欧元的土地费，外加 770 万欧元的工厂建设费。如果目前方案中的 2 和 3 被选中，那么到了 2015 年生产设施将得到扩展，而建设费用分别需要的 770 万欧元和方案 3 所需要的 250 万欧元的土地费也必须考虑进去。最后还有一个选择，就是在 2015 年不超出所需要的生产容量，不论 2012 年选择什么样的方案。如果在欧盟国家的利润不理想的话，这个决策就将被采纳。至于选择的结果，凯斯勒只考虑了投资的成本。第一栏说明了 2012 年所需要的投资，第二个则说明了 2015 年的投资和投资缩减情况。凯斯勒强调说，这些数字不能直接进行比较，因为有些是以 6 万机时为依据，有些是以 1.2 万机时为依据的。

辛格对凯斯勒的陈述表示了感谢。他认为决策树图表很清晰，并对管理层能够根据图中的这些数字做出决策充满信心。接下来的决策情况如下：

- 根据至今为止所做的工作和近几年对市场调查的掌握，管理层得出结论，业务发展的可能性大于业务停滞的可能性，所以不选方案 1，即使迄今为止该方案在 2012 年所需要的投资最少。由于没有针对 2015 年扩大生产的清晰的选择方案，大家担心新的设施投资将高于决策树上所预测的 2040 万欧元。如果公司另选一个计划，也就是比预计的 1270 万的投入高出许多的修建第二个工厂的计划，情况也是一样。另外，在两个地方开展生产会带来诸多不利因素。

- 从运作方面来讲，其他的两个选择方案效果似乎差不多。两者对于生产的扩展都留有余地，但方案 3 要求的在 2012 年的投资比方案 2 所要求的投入低 20%，所以会议偏向于选择方案 3。

- 最后管理层要求凯斯勒立即制定出一个详细行动计划并起草一份购买土地的合同。

第 12 章　信息获取决策

§12.1　决策中的信息获取决策

处理决策问题时，操作者往往在两个层面上工作：
- 第一个是决策问题本身：决策者必须分析并理解问题、区分解决方案、评价这些方案并最后做出决策。
- 除此而外，过程中还有一系列任务：解决问题的工作必须从时间和内容两方面考虑，不同的工作必须分配给不同的员工，并且相互之间应该很好地协调与配合。其他的人都必须了解决策程序及其进展情况。决策中的另一个主要任务就是确定是在现有信息的基础上解决问题还是首先提升信息的水平。

在信息分析阶段，新的信息可以通过内部或外部渠道获得，这些信息在详细程度和可靠性方面都各有不同。在做问题分析和制定选择方案时，必须确定信息的详细程度。然而，要不要得到进一步的信息这个事关重大的决策应该在评价选择方案的阶段做出。所存在的问题是：最后的决策应该建立在已有的资料上，还是应该进一步投资以得到更加详细的关于选择方案效果的信息？

在信息获取方面投入得越多，制定出好的方案并选出最好的决

第 12 章 信息获取决策

策方案的可能性就越大。但是毫无疑问，获得更多的信息需要更多的投入。而且延长解决问题的过程，使决策受到延误。这个负面影响的大小取决于问题的类型。

决定是否需要进一步的信息在原理上很简单：如果新的信息带来的利润大于在获得新信息上投入的费用，那么就值得去寻找新的信息。如果达不到这样的效果，就不应该收集额外的信息。但是这样一个笼统的建议对于面对具体复杂决策问题的操作者来说是不起作用的，下面详细说明怎样运用这个基本原则。

§12.2 关于制定信息获取决策的建议

制定信息获取决策的最著名的原则是由贝耶斯提出的。这些原则在插页 12.1 中介绍。由于贝耶斯的观点牵扯到大量的条件，其中一些条件还相当严格，因此它们很少被直接使用。我们所要做的是从贝耶斯提出的原则中提取一些普适性的内容，将它们与作者自己的经验相结合，产生出一套制定信息获取决策的推荐意见。

插页 12.1　贝耶斯关于确定进一步获得信息是否有价值的研究

为了能够做出有针对性的推荐意见，贝耶斯设置了一些假设条件，其中的一些是非常严格的，下面对它们进行概括：

（1）第一个限制条件是，贝耶斯的所有原则只是针对单价风险决策的（Weibel, 1978, p. 11）。也就是说，贝耶斯认为

第Ⅲ部分 特殊的决策问题以及解决这些问题的方法

操作者只需要对付一种决策标准,并评估一些有关环境设想的选择方案,他必须知道这些设想产生的可能性。

(2) 贝耶斯还认为,操作者已经知道了这些选择方案、环境的前景和可能性,也了解了其结果所产生的价值,因此能够根据这些信息做出决策。需要解决的问题是操作者是否应该依据目前的决策矩阵做出判断,或者是否值得推迟做决策,直到获得新的信息而对决策矩阵做进一步的改进。由于特别重视决策矩阵,贝耶斯忽略了在决策初期,也就是问题分析和制定选择方案阶段获得进一步的信息这个问题。

(3) 在贝耶斯看来,获取进一步信息的作用仅仅说明了实现各种不同设想的可能性,而对于信息的额外投资并没有产生更为精确的结果价值。(von Nitzsch, 2002, p. 220 ff.)

(4) 第四个前提条件涉及操作者使用的决策原则。贝耶斯认为,操作者应该使用期望值原则(expectation value maxim)来计算选择方案的整体结果(Weibel, 1978, p. 20)。然而,如第8章中所阐述的,使用这条原则会带来很多问题。

(5) 另一种假设是一个问题只有两种选择,即"做点说明或者什么也不做不做"。(Weibel, 1978, p. 21)

(6) 最后,贝耶斯决定将时间这个维度排除在他的考虑范围之外。因此他有效地排除了延迟决策所产生的影响这个重要的实际问题。

贝耶斯所使用的解决信息获取的方法包括了根据所得到的信息计算期望值并将其与在没有新信息的情况下所得到的最佳

第12章 信息获取决策

选择方案的期望值进行比较。怎样根据信息计算预期价值在冯·尼奇采（von Nitzsch, 2002, p. 220 ff.）所举例子的基础上展现出来。在下面的陈述当中，我们没有使用由贝耶斯发明、由冯·尼奇采用的专门术语。为了提高文字的可读性，我们还尽力将符号的数量减低到最小程度。

在这个例子中，某公司面临着是否应该开发一个新产品的问题。图表12.1是操作者的决策矩阵图。

如果我们使用期望值原则，那么很明显，应该开发这个新产品。期望值达到1亿欧元，如果不开发这个新产品的话，期望值将等于零。

图表12.1 产品投放的决策矩阵

标准，前景和可能性 选择	利润（以百万欧元计算）	
	投放成功 可能性0.6	投放不成功 可能性0.4
投放产品	+200	-50
不投放产品	0	0

但是，由于开发新产品将会导致可能性为0.4的5000万欧元的损失，操作者如果做出这个决策就等于冒了很大的风险，也就迫使他去寻找更多的信息来减少该决策的风险。在这个例子中，操作者可能要花费200万欧元请人去做市场调查研究，这个研究的结果可能支持开发新产品，也可能建议取消开发这个新产品。操作者还需要获得关于市场调查的精确程度的信息。（von Nitzsch, 2002, p. 220）

- 成功开发新产品的可能性为90%，这也意味着市场调查的结果有10%为反对开发新产品。
- 新产品开发不成功还能够以95%这样更大的可能性预测到。然而，这也等于说，对于产品开发不成功的5%的结论等于是赞成开发新产品

这时操作者可以有三种选择方案：

1. 决定开发产品。

2. 决定不开发产品。

3. 延期决定，委托有关人员继续研究。

如果选择第三种决定，必须在拥有更高层次信息的基础上进行的研究完成之后才能确定选择第1个方案还是选择第2个方案。

图表12.2 表现的是反映这个问题的决策树，其中涉及委托研究这种可选择的方法。该图不仅给出了问题结构的全貌，还表明了已经得到的信息和所缺失的信息。从决策树中看出，决策所要求的期望值研究并没有展现出来。期望值只有在仍然缺失的概率得到确定之后才能计算出来。

市场研究得到的关于是否开发新产品的问题这时可以从以下几个方面确定：

- 操作者知道研发新产品成功的可能性是0.6，不成功的可能性是0.4。
- 再进一步，操作者知道研究的结果能够预测出0.9成功的可能性和0.95不成功的可能性。
- 这两条信息在图表12.3中被联系起来。该图说明研究结果推荐开发新产品的可能性为0.56，反对开发新产品的可能性为0.44。

第 12 章　信息获取决策

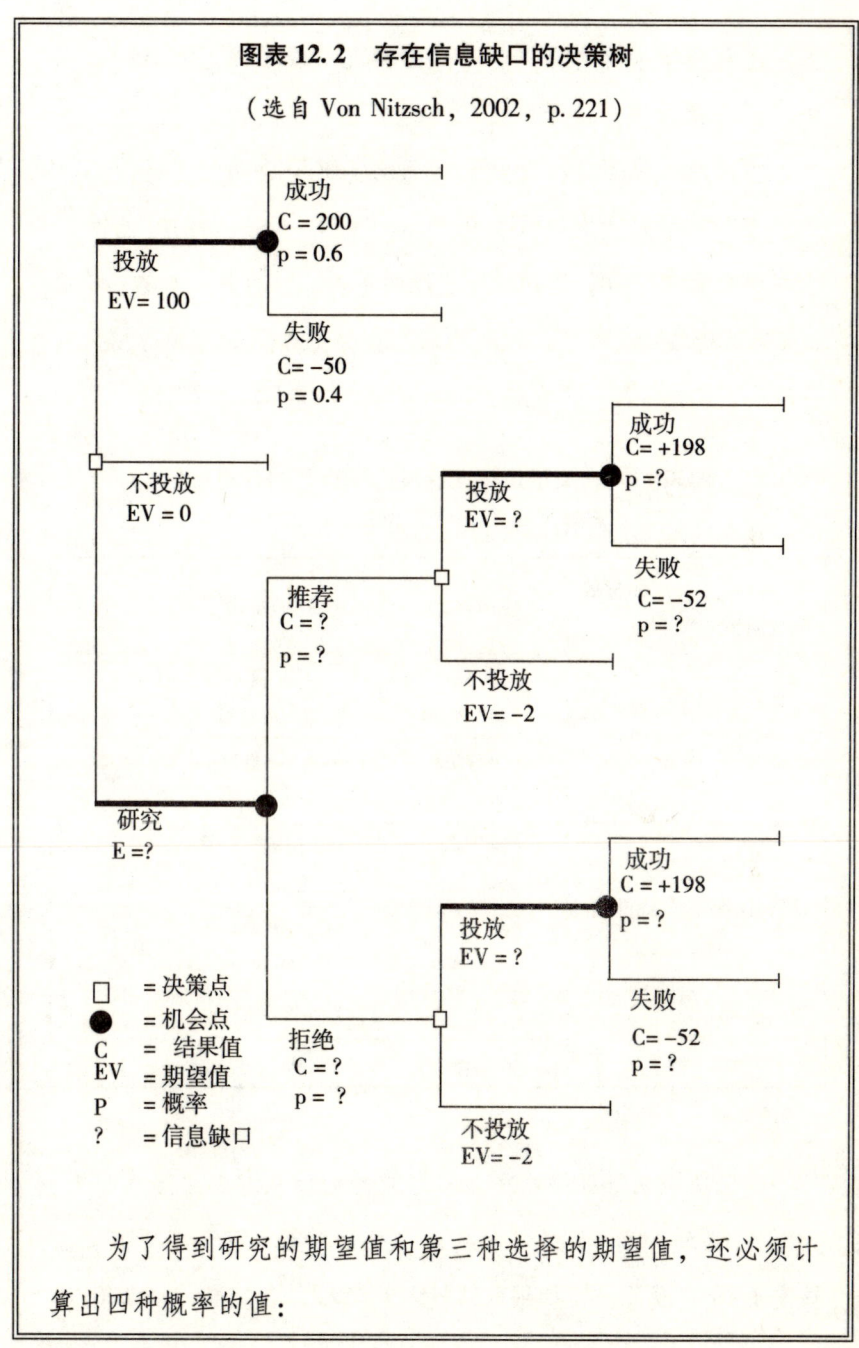

图表 12.2　存在信息缺口的决策树

（选自 Von Nitzsch, 2002, p.221）

为了得到研究的期望值和第三种选择的期望值，还必须计算出四种概率的值：

- 在研究结果支持开发新产品的情况下成功的可能性。
- 在研究结果支持开发新产品的情况下不成功的可能性。
- 在研究结果不支持开发新产品的情况下成功的可能性。
- 在研究结果不支持开发新产品的情况下不成功的可能性。

图表 12.4 说明，这四种可能性的值是这样计算出来的：不论是结果正确的研究和产生误导的研究，其数字都分别被分解为支持或反对开发新产品两大类。（von Nitzsch，2002，p. 222）

图表 12.3　关于是否支持投放新产品的计算结果
（选自 von Nitzsch，2002，p. 222）

市场研究 \ 产品投放	投放成功	投放不成功	共计
研究结果支持投放	正确 0.9	不正确 0.05	—
	0.6×0.9 =0.54	0.4×0.05 =0.02	0.56
研究结果不支持投放	不正确 0.1	正确 0.95	—
	0.6×0.1 =0.06	0.4×0.95 =0.38	0.44
共计	1	1	—
	0.6	0.4	1

所有数字 = 可能性

这时决策树可以依照这六条可能性的值从右到左建立起来。如图表 12.5 所示，如果研究结果赞成开发新产品，期望值就应该是 1.89 亿欧元，而如果取消投入新产品，期望值是 -200 万欧元。因此操作者会决定投入新产品。然而，如果研究结果不支持投入新产品，而强行投入的话，期望值将是 -1800 万欧元。这样的损失与放弃开发新产品的 -200 万欧元的期望值相比，操作者将会放弃开发新产品。关于研究本身的期望值这时可以计算出来；计算结果表明如果研究结果是正数，操作者就应该开发新产品，如果计算结果是负数，就应该放弃新产品的开发投入：

1.89 亿欧元 · 0.56 + （-200 万欧元）· 0.44 ≈ 1.05 亿欧元

图表 12.4　基于正面和反面研究的关于新产品投放成功和不成功概率的计算结果

（选自 von Nitzsch, 2002, p.221）

市场研究 ＼ 产品投放	投放成功	投放不成功	共计
研究结果支持投放	0.54	0.02	0.56
	0.54 / 0.56 = 0.964	0.02 / 0.56 = 0.036	1
研究结果不支持投放	0.06	0.38	0.44
	0.06 / 0.44 = 0.136	0.38 / 0.44 = 0.864	1
共计	0.6	0.4	1
	—	—	—

所有数字 = 可能性

因此操作者值得为研究投入 200 万欧元并根据研究结果决定开发新产品。(von Nitzsch, 2002, p.223)

总而言之，贝耶斯发明了一种在有风险的案例中确定信息获取期望值的方法。该方法基于这样的假设：操作者可以确定能够得到的信息的可靠性。(von Nitzsch, 2002, p. 227 ff.)

图表12.5 完整的决策树

(选自 von Nitzsch, 2002, p. 223)

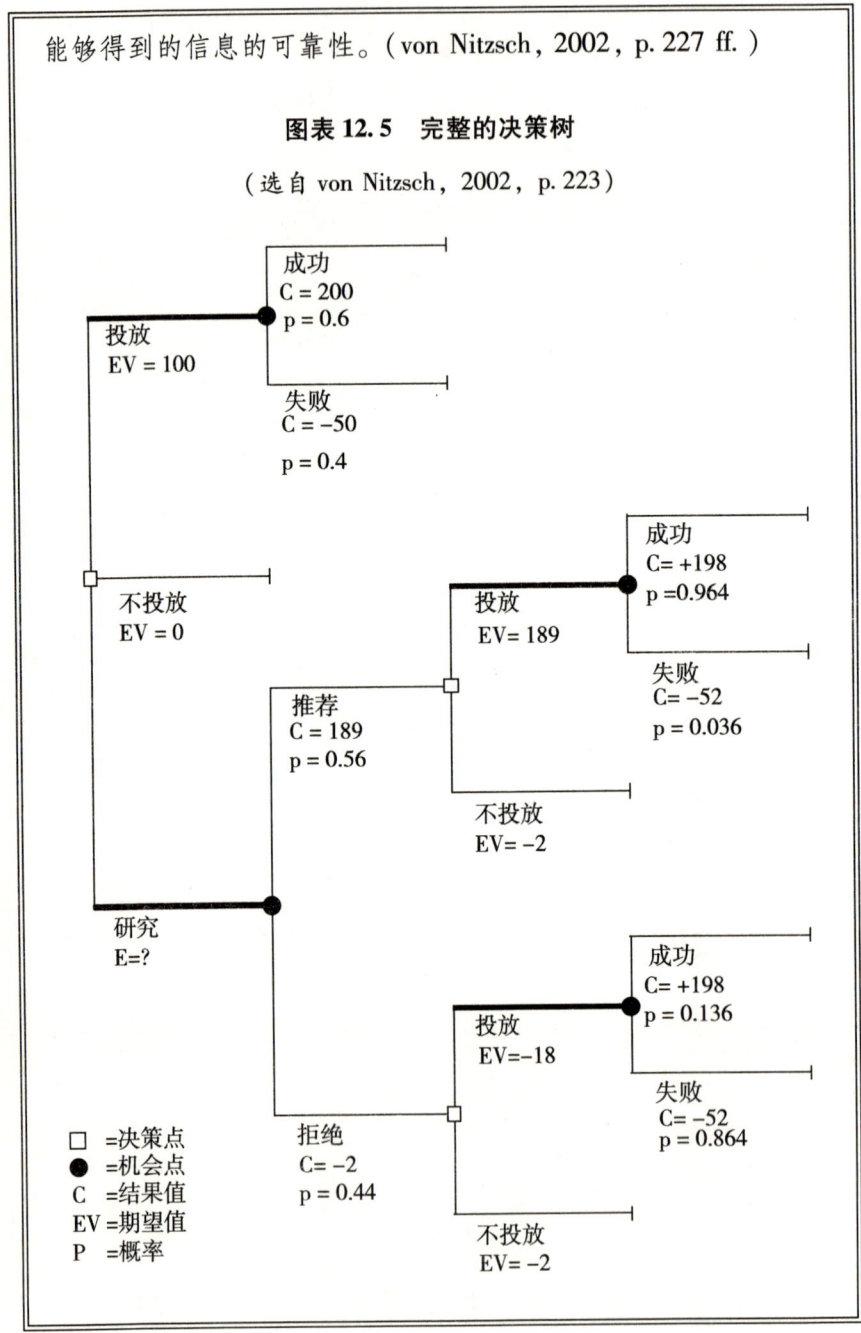

第 12 章　信息获取决策

如果操作者在决策过程中面临着是否应该获取更多信息的问题，我们建议最好完成图表 12.6（Kühn/Kreuzer, 2006）中给出的四个步骤的工作。

图表 12.6　确定是否获取信息的程序

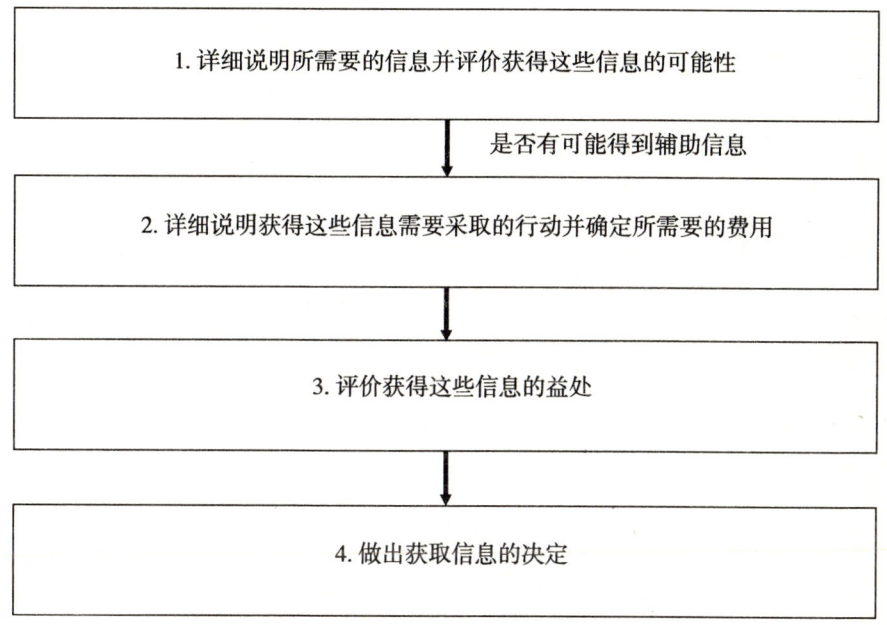

关于进一步获取信息所带来的成本和益处只有当操作者能够界定出信息获取的程序和时间允许的情况下才值得仔细考虑。因此第一步应该做一个粗略的估计信息获取的"可行性"。

- 为了达到这个目的，必须先确定哪些是所需要的信息。比如，在分析问题这个步骤中，需要进行与市场有关的定量信息分析。当决定不同选择方案的结果时，需要预测需求价格的变化所带来的影响。

- 粗略地分析了信息需求之后，操作者必须了解是否存在获得有关信息的渠道，还必须确定所需要的时间。获取信息所花费的时间是很重要的，特别是面对两种情况时：第一，当外部环境要求必须在特定的时间范围内完成决策时，比如在进货时提供方有时间限制，这种情况就显露出来。当某个带有威胁性质的问题不断升级，需要立即解决时，时间问题也显得非常重要，比如怎样处理正在销售的存在质量缺陷的大众消费品。总之，信息获取并不总是"可行的"，一方面是因为没有获得信息的程序，再一方面就是决策的时间框架不允许。

当获取更多信息的途径显得可行时，第二个步骤就是确定应该使用的方法及其相关费用。有时必须对应该获取的信息进行详细的分类界定，因为所需资料的不同类别将决定寻求新信息的方法，反过来又影响费用的大小。比如关于市场状况的详细信息可以通过对子市场和/或顾客分类的定量分析而得到。通过确定产品群的定量重要程度可以得到辅助数据，也就是说并不需要深入的研究。与此相对照的是，关于顾客群的准确而可靠的数据则特别需要做现场实地研究和大量的抽样调查。这无疑会增加大量的成本，当然还会导致时间的推延。

在第三个步骤中操作者需要评价信息获取所带来的益处，这将取决于两个因素：
- 决策错误将带来的后果有多大。
- 通过新信息可以提高决策质量的可能性有多大。

通常有可能决定一个错误决策所产生结果的大致数量级（order of magnitude），这可以通过计算一个好的解决问题的方法和一个坏的

第 12 章　信息获取决策

解决问题的方法之间导致的结果的差别是几万欧元、几十万欧元或几百万欧元而得到。虽然很难评估获取信息能够在多大程度上提高决策的质量，但是操作者还是应该大致估量出新的信息是否可以极大地帮助他提高对问题的理解。除非有很大的提高，否则就没有必要去获取新的信息。

第四个步骤需要做出决策。操作者必须估量新信息的获取所带来的成本和利益。正如我们前面所讲的，信息所带来的利益通常只能通过约计数量级（approximate order of magnitude）来确定，错误决策的结果往往是被大概地估计出来的。信息带来的大致效益要与获得信息所使用的费用相比较，费用的成本是容易精确计算出来的。总的来说，如果一个错误的决策导致的财务损失超过信息获取的成本，就应该决定寻求更多的信息。

第 13 章　集体决策

§13.1　集体决策及其在公司中的重要作用

在集体决策这个题目下我们可以发现各种不同的现象。根据布劳钦（Brauchin, 1990, p. 250 ff.）和冯·尼奇（von Nitzsch, 2002, p. 61）的观点，集体决策可以根据三种标准来进行分类。图表 13.1 中介绍了集体决策的这三种形态。图表中还显示了集体决策的三种特征：

- 在商务活动中，如果决策有 3—20 个左右的人员参加即被视为集体决策。
- 这个有着共同利益关系的集体应该是正式成立的委员会或工作团对，每人都分配了明确的任务，每个人的权利和职责都有清楚的界定。决策团体的范围是相当广泛的，可以是董事会、高层管理团队、部门管理团队、项目控制管理团队和特别委员会等。
- 很清楚，每个团队成员的目标应与决策的出发点相一致。然而，期望所有成员对于目标都有完全相同的认识也是不现实的。我们必须承认差异，不论是目标本身还是对于目标的解释方面。

近几十年来商界有一个明显的趋势，那就是集体决策的现象越

第13章 集体决策

来越多。一系列不同的因素导致了这种变化的产生:

- 商务活动中集体决策的趋势的增加说明越来越少的公司由个人拥有,由某一个人拥有最终决定权的情况也越来越少。如果公司的拥有者中间进行了重要的分组,他们一定通常是董事会成员并参与公司的重大决策。在公共企业里,董事会不但代表了企业的拥有者,还代表了所有重要的利益相关者。

- 现在流行着一种倾向,那就是给予更多的人参与决策的机会(Brauchin, 1990, p. 154)。这表面明了民主的政治观念。

图表 13.1 集体决策的参数及其相关价值

(选自 Brauchlin, 1990, p. 250 ff. and von Nitzsch, 2002, p. 61)

维度	价值			
相关人数	成对的形式: 2 个人	团队; 3 到大约 20 人		组织系统:从大约 20 人到成千上万人
团队的形式	正式的团队			非正式的团队
目标	完全一致的	**在基本点 上一致的**	在某些基本点 上有分歧的	完全不一 致的

黑体字 = 本节所讨论的集体决策类型的三个重要特征

- 越来越多的雇员希望参与公司的决策,这首先关系到提高个人声望的问题。而且参加公司的决策过程还给雇员提供了表达自己意愿的机会。(Brauchin, 1990, p. 254)

- 集体决策的形式在企业中越来越流行,其理由是集体决策的质量更好。这种说法是否可靠还有争议。有时与个人决策相比,委员会所做的决策在有着很多优势的同时,还会存在一些严重的缺陷。

§13.2 作为集体决策边界条件的集体目标系统和集体决策行为

13.2.1 集体目标系统

即使操作者是一个人,他或她关于目标的观点也不一定很明确,也会存在矛盾。当操作者是一群人时,情况会更加困难,因为团队中的每个人都可能有不同的观点(Eisenhardt/Zbaracki, 1992, p. 27)。图表13.2展示的是由三个人组成的决策团队的目标系统,对此需要作出以下评论:

- 不是所有成员都热衷于实现所有的目标。例如超出平均工资和社会福利仅仅是A的目标,而超出平均水平的资金回报只是B和C所追求的目标。
- 操作者对于目标具体内容的理解也从来不是完全相同的。在这个例子中,三个人都认为生产出高质量的产品是一个重要的目标。对于其中的一位,这不仅意味着精细的生产和严格的质量控制,还要求只使用最好的材料。然而对于第二个成员来说,只要精细化的生产程序和仔细检查产品,高质量的产品可以通过使用标准的材料就可以获得。第三个成员认为高质量还意味着不仅产品本身质量好,还应该包括顾客的意见和所有售后服务。
- 不同成员的目标往往存在矛盾。A所追求的超过平均工资和社会福利这个目标与B和C所追求的超过平均水平的资金回报的目标至少在某种程度上是冲突的。

- 在集体决策中也还存在着同一个人的目标自相矛盾的情况。A、B 和 C 都寻求"集中于西欧市场"和"超出平均水平的增长",但是这两个目标就可能是相矛盾的。
- 最后,目标系统还将包括各个成员对于不同目标内容理解方面详细程度的差异。

图表 13.2 由几个人组成的操作团队的目标系统

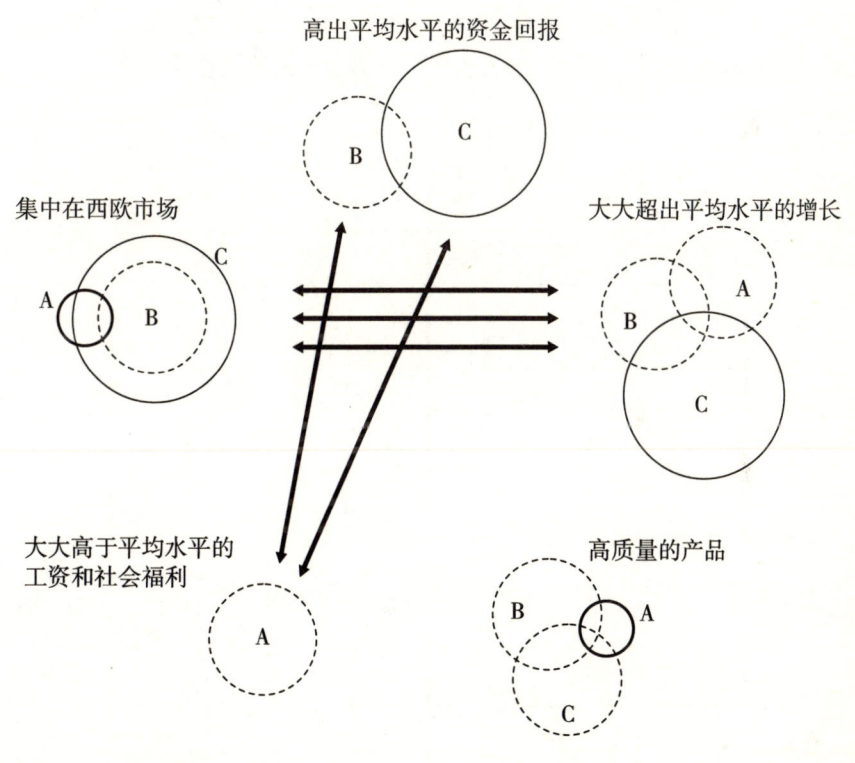

13.2.2 集体决策行为

当一个群体作决策时,其决策行为与个人决策不同。群体决策是一个复杂的多层次的现象,依靠经验的研究只会针对一些个体的问题,因此很难给出集体决策效果的全貌。图表 13.3 是给出这种全貌的尝试。作者想说明的是,可能数据不完整,图表中所描绘的不同的因果关系也可能存在争议。

图表 13.3　相对于个人决策,集体决策效果较差的情况

```
                     ┌─────────────┐
                     │ 决策团队     │
                     │ 中的成员     │
                     └──┬───┬───┬──┘
          ┌─────────────┘   │   └─────────────┐
          ▼                 ▼                 ▼
   ┌───────────┐      ┌───────────┐      ┌───────────┐
   │每个人对一 │      │个人的责任 │      │           │
   │致性的追求 │      │感下降     │      │           │
   └──┬─────┬──┘      └──┬─────┬──┘      └───────────┘
      │     │            │     │
      ▼     ▼            ▼     ▼
┌──────────┐ ┌──────────────┐ ┌──────────────┐
│个人想法的│ │个人接受风险  │ │个人的积极性  │
│约束      │ │的态度加强    │ │发生改变,通常│
│          │ │              │ │是下降        │
└──────────┘ └──────┬───────┘ └──────────────┘
                    ▼
             ┌──────────────┐
             │与个人决策    │
             │相比,集体    │
             │决策较差的    │
             │趋势增加      │
             └──────────────┘
```

→ 因果关系

第13章 集体决策

研究表明，团队成员都努力争取达成一致。为了这个目的，每个人都准备随时修改自己的价值和目标。如果在团队中和谐一致显得十分重要的话，他甚至还会多多少少有意识地忽略或者歪曲事实。插页13.1表现的是阿施（Asch）公司进行的一项实验，这个实验证实了一个惊人的结论，那就是为了达到团体一致的目的，不但个人的价值和目标会受到影响，就连事实也会受到影响。（von Nitzsch，2002，p.63）

插页13.1 阿施公司关于团队成员追求一致的实验

（选自 von Nitzsch，2002，p.63 ff.）

在阿施公司的实验中（1995，p.31ff.），被试者们需要将一条线段的长短与其他三条线段 A、B 和 C 的长短相比较，然后宣布它与哪一条选择方案相匹配。由于这三条线段的长短明显不同，这个问题就很好解决，在每个测试中误差率只有0.7。

接下来被试者加入到七个人的团队中，排在第六个位置，他们可以公开交流。在六轮的测试中，调查者的同伴们总是说出正确的答案。接下来的12轮测试中他们都说了同一条错误的参考线段。虽然从理论上讲，这个问题对于群体和个人都是一样容易解决的，但被试者们答案的错误率上升到37%，有75%的被试者至少错了一次。

追求一致性通常表现在口头表达和外在行为上，而并不改变内在的价值观和思想。在这个例子中，所表现的就是顺从。然而团队

后来有可能修正自己的价值观和思想并使每一个成员接受团队的准则。(von Nitzsch, 2002, p. 63 f.)

团队的成员不仅希望达成一致,还带来每个团队成员责任感方面的改变。个人可以依靠集体,"集体行为要求每个人有责任心。每个团队成员所感受到的不是个人的责任,而是共同的责任。"(Brauchin, 1990, p. 261)

团队决策的第三个结果是对成员关于决策环境感知的限制。这种情况对于有效的决策来说是致命的。主要原因有三(von Nitzsch, 2002, p. 75 f.):

- 对一致性的追求可能导致团队忽视处理令人不快的事实。决策者所得到的信息最终比应该得到的还少。负面的因素可能会缺失是尤其令人担忧的,因为这些因素往往影响到决策的效果。
- 对一致性的追求还意味着在讨论中赞同票总是站上风,这给了团队成员过多的自信:"因为这么多人的决定是不会有错的。"(von Nitzsch, 2002, p. 75.)
- 最后团队成员总是倾向于更重视团队内部成员而不是外部人员的意见。这种对团队内的偏好自然会阻碍团队接受与自己不同的观点。(von Nitzsch, 2002, p. 75.)

集体决策的第四个结果是更愿意接受风险。这种推卸风险的结果一方面是由于集体负责而不是个人负责的现象导致的。另外在团队中,倾向于冒险的人通常比害怕冒险的人有着更大的影响力。(Brauchin, 1990, p. 261; von Nitzsch, 2002, p. 75.)

最后一点,团队将影响到成员的积极性(von Nitzsch, 2002, p. 67ff.):

第 13 章 集体决策

- 高度的集体凝聚力能够激发和增加个人的积极性。
- 然而相反的情况常常也会发生:团队成员的积极性会自觉或不自觉地慢慢下降。集体负责制意味着团队成员不自觉地减少参与意识。这种现象被叫做群体性闲散现象(social loafing)。然而,团体成员也会有意识地只是把自己当做旁观者,让别人去干工作。久而久之,这种被称为自由人(free-riding)的行为将会使其他成员的积极性下降。为了不至于使自己有受到他人剥削的感觉,他们还会在工作中故意偷工减料。这种情况叫做寄生虫效应(sucker effect)。

前身为瑞士国家航空公司的瑞士航空公司(Swissair)的垮台为我们提供了一个关于集体决策行为的十分有趣的例子。下面的分析说明了瑞士国家航空公司董事会的决策行为在公司的衰败中扮演了重要的角色:

- 提出一些难以回答的问题或者解释有分歧的观点,这样的做法很显然不受欢迎,所以这种情况很少发生。
- 在作重要决策时一些董事会成员不参加会议,或者提前离开会场,比如在讨论是否购买德国空运公司(LTU)时就出现这种情况。这说明董事会成员对决策并没有尽到自己的责任。
- 负责调查的专家发现有时在没有关于一家公司负债状况的足够信息的情况下就决定购买这家公司。更严重的是,董事会甚至在还不完全了解兼并所带来的实际回流(return flow)与作计划时的估价相比较的结果的情况下就兼并了这家公司。
- 反思这些事实,我们清楚地看到,瑞士航空公司采用的猎人战略(hunter strategy)是一个高风险战略。极有可能是因为瑞士航空公司董事会的这种接受高风险的态度导致了这种典型的集体决策中推卸风险的结果。
- 回想起来，董事会成员的积极性和参与程度是很难评判的，但是可以肯定，这之间变数很大。

从这些事实中引出了一个很困难的问题：怎样才能最大限度地减少集体决策行为中的负面影响。我们总结了两条可行的方法：
- 所有的事实都必须拿出来公开讨论。团队的文化必须是一种允许不同观点存在的文化，这一点可以通过制定和执行原则来做到。比如团队成员在开会之前就对某些问题表达自己的观点，或者提出问题。
- 尽可能加强团队成员的责任意识，可以用备忘录记录下每个人的发言和投票情况。另外一个可行的办法是团队应该将一些决策问题转交给下面的小组和单个的成员去解决。

§13.3 制定集体决策的规则

13.3.1 从区分每个人的倾向性意见排序（orders of preference）入手

以下提出的集体决策原则只涉及决策过程中的最后一步，也就是选择最佳方案。这些原则只有团队成员在决策早期还没有对决策问题达成共识的情况下才适用。团队成员对一致性的追求通常意味着在解决决策问题的过程中他们就已经形成了一致意见，最后的投票几乎是没有必要的了。然而在少数情况下，团队成员在一开始就

第13章 集体决策

会有不同的倾向，随着决策制定程序的进行这种倾向会得到进一步发展，这就意味着有必要制定一些规则来实现集体决策。这里我们所考虑的只是一个不太普遍的情况，但是一旦这种情况发生，这些规则就显得十分重要。团队对于问题有一个清楚的合理的决策是非常重要的，决策的方式对于今后团队工作的氛围也是非常重要的。

每一位团队成员都有自己的倾向性意见，那么如果单独考虑每个人的意见的话，这些意见应该怎样排列，如果团队形成了两种意见a和b，每一位成员X都有可能：

- 偏向a。
- 偏向b。
- 认为a和b相同。

于是成员X不得不在三个可能的方案中做出选择。但如果三种不同的选择对团队公开，成员X可能会在十三种不同的倾向性意见排序中考虑。（Bamberg & Coenenberg, 2002, p. 25 ff.; Rommelfanger & Eickemeier, 2002, p. 192 ff.）

如果决策委员会有三名成员（X、Y和Z），共有两个选择（a和b），这就意味着可能出现27种不同的选择模式，也就形成了倾向性意见排序，比如：

- X、Y和Z都倾向于选择a，
- X和Y倾向于a，而Z却倾向于选择b，
- 如此等等。

如果有三种选择方案（a、b和c）和三位决策成员，那么可能产生的选择结果或倾向性意见模式将会达到$13^3 = 2197$个。（Bamberg & Coenenberg, 2002, p. 252 ff.; Rommelfanger & Eickemeier, 2002,

p. 193 ff.）

任何集体决策的起点都是团体成员的个体意见倾向，它们构成了团队的决策倾向模式。为了完成集体决策，我们必须在个人倾向性意见的基础上确定出集体倾向性意见，或者至少依据集体的观点确定出最佳选择方案。不论哪种情况都需要遵循规则。但在审视可能采用的规则之前，我们应该首先考虑这些规则必须满足哪些要求。

13.3.2 制定集体倾向性意见排序的要求

阿罗从个人意见排序中界定出四种明智的体现民主精神的集体倾向性意见排序规则的条件（Arrow, 1963, p. 22 ff., Bamberg/Coenenberg, 2002, p. 255 ff.; Rommelfanger/Eickemeier, 2002, p. 198 f.）：

1. 规则系统应该在每一个成员的个人倾向性意见排序或态度的基础上做出集体倾向性意见排序。如前所述，三个决策成员评价三种选择，一共会有 2197 个不同的模式。这个首要条件就是规则系统必须能够提供每一种模式的集体倾向性意见。

2. 第二个条件是，如果每个成员都认为应该选择 a，而不是 b，那么集体的排序结果也应该如此。

3. 阿罗提出的第三个条件是，当两个不同的倾向正好与两种选择 a 和 b 的排序相符合时，那么两个集体倾向性意见的排列顺序也必须是与选择 a 和 b 的排序相符合。这就是说，两种模式不同的 a 和 b 将不会影响到 a 和 b 在两个集体倾向性意见排序的结果。插页 13.2 提供了一个关于这种复杂条件的例子，称作不相关选择的独立性（independence of irrelevant options.）。

4. 第四个也就是最后一个条件是，没有一个团队成员拥有特殊的地位。比如，如果成员 X 的每一个倾向性意见都自动成为集体决策的倾向性选择，X 就会拥有一个统治性地位。在这种情况下，其他成员的意见只能在 X 不关心的领域中起到一定的作用。

插页 13.2　作为集体倾向意见排序规则系统要求之一的不相关选择的独立性

（依据 Bamberg & Coenenberg, 2002, p. 256 ff.）

对于不相关选择独立性的要求说明，如果两种模式与两种选择的排序相一致，那么集体倾向性意见排序也必须与这两种模式的倾向性意见排序相同。参照其他的选择方案来修正这两种模式当中的倾向性意见的做法最终也不会改变这一点。

图表 13.4 展示了两种模式，其中的每一种都代表了三个成员面临三种选择方案 a、b 和 c。如图中所看到的，就 a 和 b 而言，两种模式是相同的：在每一种模式中，两个成员偏向 a，第三个人偏向 b。

阿罗所提出的集体倾向性意见的要求是，在这两个案例的任何一个中，规则系统都应该产生一个集体倾向性意见排序，排序中 a 和 b 的相对位置是一样的。由于三位成员中的两位倾向于选择 a，两个集体倾向性意见的排序也应该是偏向于选择 a。但因为三位决策组成员对于 a 和 b 的看法不一致，所以还有可能出现两个集体倾向性意见排序无法显示出偏向 a 还是偏向 b 的情况。

图表13.4　两个由三人组成的小组排列三个选择方案的模式
（选自 Bamberg/Coenenberg, 2002, p. 156 ff.）

倾向性模式　　个人倾向性排序	倾向性模式 1			倾向性模式 1		
	X	Y	Z	U	V	W
倾向 1	a	a	c	c	c	b
倾向 2	b	b	b	a	a	a
倾向 3	c	c	a	b	b	c

X, Y 和 Z = 第一个决策团队的成员
U, V 和 W = 第二个决策团队的成员
a, b 和 c = 选择

不相关选择独立性的要求意味着阿罗排除了这种可能性：在一种集体倾向性意见排序中偏向于选择 a，不选择 b，而在另外的一种集体倾向性意见排序中则对 a 和 b 的看法一致。

如果一个决策团队中个人意见的整合机制是理性的、民主的，那么这四个条件都应该同时得到满足。然而，在借鉴了其他研究者的成果之后，阿罗成功地证明，满足了全部四个条件的整合个人意见的程序仅在只有两种选择的特殊案例中存在，并且这种特殊情况的整合机制非常简单，就是多数决定法（majority decision）。一旦有三个或更多的选择被包含进来，便找不到任何能够满足所有四条要求的整合方式了。（Bamberg/Coenenberg, 2002, p. 257 ff.）

13.3.3　形成集体倾向性意见排序或确定决策团体倾向性意见的标准规则

从前面的论述中我们已经了解到，不可能存在能够自然满足阿罗所提出的制定理性和民主的集体决策的四个条件的整合机制。但

第13章　集体决策

是任何组织中都有许多有着共同任务、能力和责任的团队,因此需要做集体决策。接下来我们将提供能够帮助制定集体决策的规则系统,尽管它们没有能够满足阿罗提出的所有要求。这些规则系统可以根据下面两个条件来分类:

- 是否能够产生集体倾向性意见排序;
- 或者能够确定团队所偏向的选择方案。

一个简单的方法就是根据大多数人的意见做决策:每一位成员投票,得票最多的选择方案即被选定。如果两个选择同时占据第一,那么就由主席决定选择哪一种,或者再针对这两个选择投一次票。如果还是分不出胜负,主席做最后的决定。

以多数人的意见为准的原则很好理解,并且容易做出决策。它的缺点是只产生一种所偏爱的选择,对于其他几个的倾向性意见不做任何涉及。如果所确定的决策方案后来被证明无法实施,那就必须再投票进行选择。

绝大多数人的意见或全体成员的一致意见作为最终的选择,这个原则是有必要坚持的。但同时也要认识到其不足之处,那就是无法得到任何结果,只好推迟解决问题。正是由于这个原因,企业在做决策时很少要求绝大多数人投票同意或全体一致同意。但为了避免随意性决策,需要确定一个法定的赞同人数。

博尔达(Borda)提出了另外的一种方法。他建议团队中的每位成员为每一个选择方案分配一定的分值,最差的选择为一分,倒数第二个为两分,以此类推。在五个选择中,最受欢迎的那个得到五分。将每一个选择的分值相加并根据它们的分数进行归类就可以得到集体倾向性意见的排序(Bamberg/Coenenberg, 2002, p. 263 f.;

Rommelfanger/Eickemeier, 2002, p. 195 ff.)。这是一个简单的程序，它不但确定了所倾向的选择，还得到了倾向性意见的排序。企业并不经常使用这种方法，这多少让人感到有些不可理解。

另一种在实际工作中使用得比较多的方法要求将选择成对地比较。首先将两个选择进行比较，胜出的那一个再与第三个选择相比较，以此类推。在最后的比较中胜出的方案将被选中。（Bamberg/Coenenberg, 2002, p. 265 ff.；Rommelfanger/Eickemeier, 2002, p. 196）

如果大多数成员都认为有一种方案优于其他所有选择，那么这个方案就总会在一对一的比较中胜出。如果不存在这样的占绝对优势的选择方案，结果就会依靠机会而定，或者受主持者的态度左右。孔多塞（Condorcet）[①] 在两百多年前就发现了这一点。插页13.3讲述了孔多塞的"投票悖论"。

插页13.3 孔多塞的投票悖论

（根据 Bamberg/Coenenberg, 2002, p. 253 ff. 而设计）

图表13.5 说明了三个人选择三个方案时的格局，从图中可以看出：
- X 和 Z 偏向于选择 a 而不是 b
- X 和 Y 偏向于选择 b 而不是 c
- Y 和 Z 偏向于选择 c 而不是 a

[①] 孔多塞：法国数学家和哲学家，以概率论和哲学研究成果著称。——译者注

图表13.5 说明孔多塞投票悖论的选择模式

个人倾向性意见排序 \ 个人	X	Y	Z
优先选择 1	a	b	c
优先选择 2	b	c	a
优先选择 3	c	a	b

X,Y 和 Z = 小组成员
a,b 和 c = 选择

如果第一轮投票在 a 和 b 之间进行选择，a 就胜出了。然后这个选择再与 c 竞争，c 便被选中。但是如果先将 b 和 c 进行比较，那么 b 就会受到偏爱。同样，如果将 b 和 a 进行比较的话，a 就会被选中。如果主席希望看到 b 胜出，他可能会首先要求在 a 和 c 之间投票，按照这样的操作程序，b 就一定会胜出，因为它比 c 优越。

孔多塞投票悖论的结论很简单：如果不存在绝对优越的选择方案，被选中的方案就将是随机性的，或者是受到主席左右的。可以用抽签的办法来决定最初的一对一比较的两个选择，但这仅仅意味着在这样的情况下，被选中的方案是偶然得到的。主席可以安排能够使他所偏向的选择胜出的顺序，如果他知道小组成员的倾向性意见，就可以根据这些意见安排投票顺序。

13.3.4 形成集体倾向性意见排序更为复杂的程序

最后，我们以两个更为复杂的形成集体倾向性意见排序的程序来结束本小节。一个是基于布林和温斯顿（Blin/Whinston，1974，

p. 28 ff.）所描述的倾向性意见的关系，另一个是萨蒂（Saaty，1980）的分析式等级法（analytical hierarchical process）。

布林和温斯顿（1974，p28 ff.）建议使用个人倾向性意见排序的方法来确定决策团队内针对不同选择的意见模式。这个模式是集体倾向性意见排序的基础。插页13.4给出了建立在模糊逻辑（fuzzy logic）基础上的这种方法的例子。

插页13.4　布林和温斯顿的倾向性意见模式

（选自 Rommelfanger / Eickemeier，2002，p. 207 ff.）

一个由十个人组成的决策小组需要对四种卡车型号进行比较。图表13.6展示了他们的个人倾向性意见排序情况。

图表13.6　四种卡车型号的个人倾向性意见排序
（选自 Rommelfanger/Eickemeier，2002，p. 210）

个人	Q	R	S	T	U	V	W	X	Y	Z
优先选择1	a	d	d	d	a	c	d	d	a	d
优先选择2	b	c	c	c	b	a	a	a	d	a
优先选择3	d	a	a	a	d	b	c	c	c	b
优先选择4	c	b	b	b	c	d	b	b	b	c

Q，R…Z＝决策组成员
a，b，c 和 d＝选择

第 13 章　集体决策

从图表中看出，十位成员都赞同选择 a，不选择 b，只有六个人赞同选择 a，不选择 c。经过分析这样的排列可以得到小组意见模式的矩阵，由图表 13.7 表示。

图表 13.7　该决策小组的倾向性意见模式

选择＼首选	a	b	c	d
a	–	10∶0	6∶4	4∶6
b	0∶10	–	3∶7	3∶7
c	4∶6	7∶3	–	1∶9
d	6∶4	7∶3	9∶1	–

a，b，c 和 d ＝ 选择

接着所有的集体倾向性意见排序被确定下来，它们与集中度（intensity）最高的倾向性意见相一致。集中度最高的倾向性意见对于 a 和 b 的比例是 10∶0，十二个集体倾向性意见排序的结果与此相一致。

(a > b > c > d)，(a > b > d > c)，(a > c > b > d)，
(a > c > d > b)，(a > d > b > c)，(a > d > c > b)，
(c > a > b > d)，(c > a > d > b)，(c > d > a > b)，
(d > a > b > c)，(d > a > c > b)，(d > c > a > b)

接下来的步骤是在这十二个集体倾向性意见排序中筛选出所有与集中度位居第二的倾向性意见相一致的排序，d 和 c 的比例结果为 9∶1。在这个基础上，十二个排序中的六个必须被淘汰，剩下的六组集体倾向性意见排序继续参加角逐：

(a＞b＞d＞c), (a＞d＞b＞c), (a＞d＞c＞b), (d＞a＞b＞c), (d＞a＞c＞b), (d＞c＞a＞b)

在倾向性意见集中度中排第三的是c和b以及d和b，其比例是7∶3。把这两个同时考虑进来就只剩下三个集体倾向性意见排序了：

(a＞d＞c＞b), (d＞a＞c＞b), (d＞c＞a＞b)

集中度排列第四的同样有两个倾向性意见：赞同a的多于赞同c的，同样，赞同d的多于赞同a的，其集中度的比例是6∶4。这时只有一种集体倾向性意见排序（d＞a＞c＞b）同时满足于这两种倾向意见的集中度，因此它就成为了最后的集体倾向性见排序。

图表13.8说明了布林和温斯顿提出的方法是合理的。全部24种可能的倾向性意见排序的集中度总和已在图中确立下来。被选中的倾向性意见有着最高的总体集中度。

图表13.8　24种可能存在的集体倾向性意见排序的倾向性意见集中度总合

倾向性意见排序	说明倾向性意见排序的倾向性意见的集中度	倾向性意见集中度的总和
a＞b＞c＞d	1,0＋0,6＋0,4＋0,3＋0,3＋0,1	2,7
a＞b＞d＞c	1,0＋0,4＋0,6＋0,3＋0,3＋0,9	3,5
a＞c＞b＞d	0,6＋1,0＋0,4＋0,7＋0,1＋0,3	3,1
a＞c＞d＞b	0,6＋0,4＋1,0＋0,1＋0,7＋0,7	3,5
a＞d＞b＞c	0,4＋1,0＋0,6＋0,7＋0,9＋0,3	3,9
a＞d＞c＞b	0,4＋0,6＋1,0＋0,9＋0,7＋0,7	4,3
b＞a＞c＞d	0,0＋0,3＋0,3＋0,6＋0,4＋0,1	1,7
b＞a＞d＞c	0,0＋0,3＋0,3＋0,4＋0,6＋0,9	2,5

(续图表)

倾向性意见排序	说明倾向性意见排序的倾向性意见的集中度	倾向性意见集中度的总和
b>c>a>d	0,3 + 0,0 + 0,3 + 0,4 + 0,1 + 0,4	1,5
b>c>d>a	0,3 + 0,3 + 0,0 + 0,1 + 0,4 + 0,6	1,7
b>d>a>c	0,3 + 0,0 + 0,3 + 0,6 + 0,9 + 0,6	2,7
b>d>c>a	0,3 + 0,3 + 0,0 + 0,9 + 0,6 + 0,4	2,5
c>a>b>d	0,4 + 0,7 + 0,1 + 1,0 + 0,4 + 0,3	2,9
c>a>d>b	0,4 + 0,1 + 0,7 + 0,4 + 1,0 + 0,7	3,3
c>b>a>d	0,7 + 0,4 + 0,1 + 0,0 + 0,3 + 0,4	1,9
c>b>d>a	0,7 + 0,4 + 0,1 + 0,4 + 0,3 + 0,0 + 0,6	2,1
c>d>a>b	0,1 + 0,4 + 0,7 + 0,6 + 0,7 + 1,0	3,5
c>d>b>a	0,1 + 0,7 + 0,4 + 0,7 + 0,6 + 0,0	2,5
d>a>b>c	0,6 + 0,7 + 0,9 + 1,0 + 0,6 + 0,3	4,1
d>a>c>b	**0,6 + 0,9 + 0,7 + 0,6 + 1,0 + 0,7**	**4,5**
d>b>a>c	0,7 + 0,6 + 0,9 + 0,0 + 0,3 + 0,6	3,1
d>b>c>a	0,7 + 0,9 + 0,6 + 0,3 + 0,0 + 0,4	2,9
d>c>a>b	0,9 + 0,6 + 0,7 + 0,4 + 0,7 + 1,0	4,3
d>c>b>a	0,9 + 0,7 + 0,6 + 0,7 + 0,4 + 0,0	3,3

黑体字＝决策小组选定的选择顺序

萨蒂（Saaty）的解析式等级法（1980）为我们提供了一种确定复杂决策问题的结构和评价选择方案的方法。这个方法是用来解决复杂问题的，而不是专门为集体决策而设计的。然而它又特别适合于集体决策，因为它的系统性和透明的程序使得它在现实中很频繁地被用于集体决策。插页13.5介绍了萨蒂的方法并说明这个方法为什么特别适合用在集体决策中。

插页13.5 萨蒂的分析式层级法

（材料选自 Dellmann/Grünig, 1999, p.33 ff.）

解析式等级法（analytical hierarchical process，缩写为AHP）于20世纪60年代末70年代初由萨蒂发明（Saaty 1980）。AHP是一种能够使复杂决策环境结构化并以系统的方式评价行动过程的方法。AHP程序是在解决实际问题的过程中发展起来的，多年来已由不言自明的理论所证实。AHP已经在管理活动、政治活动以及其他领域中反复证明了自己的价值（Dellmann/Grunig, 1999, p 34）。AHP法既适合于集体决策也适合于个人决策，在实际工作中常常被用在两种类型的决策中。

从这个方法的三个术语中我们就能够看出它的特征：

- "解析的"（analytical）的意思是将决策目标分解为不同的标准，所有的选择都可以用定性的标准和定量的标准进行比较。这些标准的权重和选择方案的总体评价用数学的方法来确定。

- "等级的"（hierarchical）指标准、决策环境和选择方案的表现形式。在AHP法中，它们总是被分为不同层次的等级。

- "程序"（process）说明复杂问题的解决方法是一种有着不同子步骤顺序的系统过程。

AHP方法有五个步骤，下面大致对其进行描述：

第 13 章 集体决策

1. 在第一步中确定模式的元素,也就是界定出与决策相关的变量。除了最重要的目标之外,决策标准、决策环境和选择方案也必须包含进来。为了使决策有意义,至少应该有两个选择方案。

2. 问题的结构在第二步中用等级的形式表现出来。最重要的目标位于等级的最上端,需要评价的选择方案总是放在最底层。主要的标准、次要的标准,如果有必要的话还包括决策环境等都放在几个不同的中间位置。除了最高层之外,其他的每一层都必须至少有两个元素。位于较底层的元素与位于较高层的元素在等级上是相连接的。图表 13.9 表现了这样的等级关系。

图表 13.9 一个拥有四个层级的例子

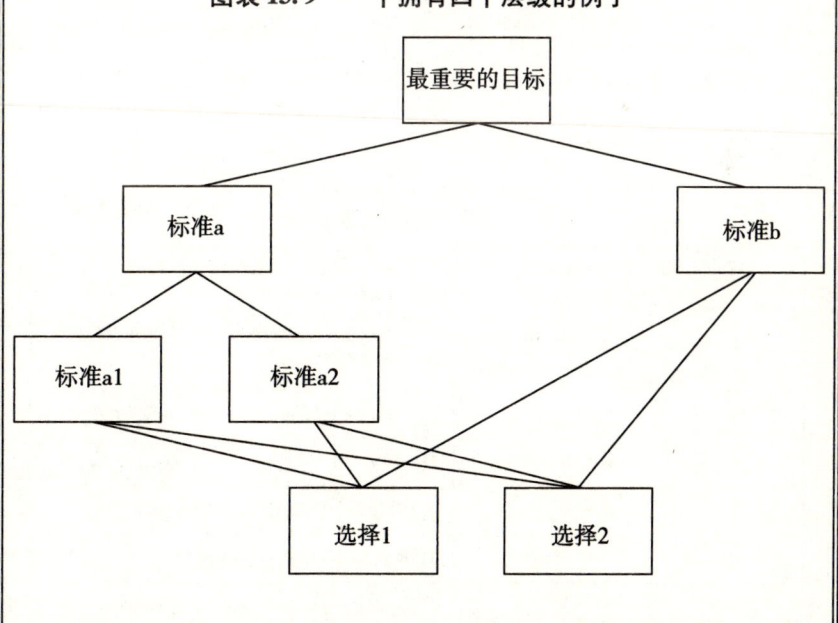

3. 在步骤三中确定应该优先考虑的问题。所谓优先考虑的问题就是指那些对于处于高层地位的元素相对重要或影响较大的问题。优先考虑的问题被尽可能地用比例尺度表现出来。只能用区间尺度衡量的定量数据（比如气温）和定性数据（比如吸引力）等，其优先考虑的因素则采用一对一比较的方式确定下来。相对偏爱的选择通过处于高层的成对的重要元素的对比而产生，并用一个矩阵记录下来。图表13.10所表现的就是这种对比的基础。该标尺包括了从1到9的数值，还包括了从1到9的倒数。如果优先考虑的选择是通过一对一比较的方法确定的，那么就应该检查一下它们前后的一致性。如果存在前后不一致的情况，那就应该重新进行评价。当得到前后连贯的一对一比较的矩阵之后，这个矩阵的矢量（vector）就被确定下来了。这是通过将绝对数值（absolute numerical value）转换为总数值为1的标准化数值而得到的。这样就可以把处于不同刻度的数据联系起来。

图表13.10　萨蒂发明的标尺

价值	解释	评论
1	重要性相同	在满足高层次的要求方面两个因素的重要性相同
3	重要性稍大	其中的一个因素比另一个稍受偏爱
5	重要性很大	其中的一个因素比另一受到明显偏爱
7	重要性更大	其中的一个因素比另一受到很大的偏爱
9	重要性最大	其中的一个因素的重要性是不容质疑的

4. 第四步中所确定的总体优先选择说明了 AHP 方法所产生的结果。总体优先选择表达了选择方案的相对倾向性意见的价值,通过不断把最高层次的数据与最低层次的数据相乘和相加而得到。

5. 这种方法的可靠性可以在第五个步骤中用灵敏度分析(sensitivity analysis)的方法来验证,也就是检查当个体的影响力发生变化时,结果对其反应的力度有多大。

萨蒂的方法特别适合用于集体决策,原因有三:

- 第一个步骤和第二个步骤中的问题结构设置使得大家对问题有一个共同的认识。在步骤一中,所有的团队成员都可以把自己对于重要问题的看法表达出来,包括选择、决策标准和决策环境等。在步骤二中,不同因素之间的相互联系也可以在小组中确定下来。但在整个过程中都必须遵循一个重要的原则,那就是最重要的目标必须放在最上层,而选择方案放在最低层。

- 步骤三中对不同标准权重的确定、对环境的评价和对选择方案的最终评估等活动都是系统而透明的。这种有可靠方法支撑的系统行为避免了决策组成员迷失自己的方向。透明的条件要求小组成员公开提出自己的评论,不至于躲在集体的背后。不同的意见公开提出来并得到充分地讨论。所使用的是个人评价的几何平均数(geometrical average),而不是讨论不同的数值。然而这并不是最理想的方法,因为要想在定性方面提高评价选择方案的水平,通常可以通过讨论不同的意见而实现。

> - 最后，AHP方法展示了个人与集体评价的不协调之处并要求对其进行修正。这将使决策的质量得到大大的提高。但该方法要求小组的领导人掌握一定的技巧，他必须告诉每个成员他们与集体之间存在的矛盾，并要求他们重新修改自己的意见。

在13.2.2关于群体决策行为这个部分中，我们推荐了能够使小组成员更不容易或更不可能躲在集体后面的办法，而萨蒂的AHP方法就是这样的方法。

结束语

"做决策只是管理者众多工作中的一项,它通常只会占据他或她的很少一部分时间。但是做出重要的决策却是管理者特有的工作。只有高层管理者才做决策。"(Drucker, 2001, p.19)

德鲁克(Drucker)的上述论断不仅被用在本书的开头,也应该用在结束语的最前面:德鲁克认为,做决策在管理活动中如果不是头等重要的任务的话,也是非常重要的任务。企业的生存和长久的成功依赖于正确的决策。

本书所述也清楚地说明,制定决策是一项困难的工作。重要的决策总是复杂的,因此对决策者的要求更高。作者希望本书能够帮助读者成功地克服那些需要作出大量分析工作的挑战。

然而,处理复杂问题并制定出正确的决策不仅涉及智力方面的挑战,往往取决于决策本身,因此决策者还常常处于心理压力之下。在这样的环境下,只有那些能够保持冷静并且能够按照系统的方式工作的决策者才有可能取得成功,但是本书在这一点上无法贡献得更多。

词汇表

Actor 操作者：做决策的个人或群体。由群体所做的决策叫做集体决策。

Algorithm 运算规则：decision making procedure 决策程序。

Analytic decision-making procedure 分析式决策程序：决策程序。

Certain decision problem 确定的决策问题——环境的发展能够准确预测出来，因而选择的结果也可以准确预测到的决策类型。

Collective decision 集体决策：由几个人所做的决策。集体决策比较困难，因为相关人员所期待的目标有差异，有时甚至是完全相反的。另外不同的人对于所选择的决策在多大程度上有助于实现预期的目标持不同的看法。因此必须制定规则让每个人所偏爱的选择成为集体认同的选择。这个理论已由阿罗系统地阐述过，他还说明，只有在极其特殊的情况下所有不同的要求才会得到满足。

Consequence 结果：某个决策所带来的相关效果。决策的标准决定了结果的类型。如果存在好几个可能的方案，就有必要对每个方案的结果进行推测。

词汇表

Consequence type 结果类型：对结果的分类。一个特定的决策所产生的结果类型取决于决策的标准。

Consequence value 结果价值：consequence 结果

Descriptive decision theory 描述性决策理论：decision theory 决策理论

Decision 决策：决策程序中的最后一步，包括选择最好的方案。

Decision criterion 决策标准：由于目标的陈述总是用一些模糊不清的术语来表达的，在它们被用来评价选择和做出决策之前应该得到更为清晰的说明。经过清晰描述的目标就是决策的标准。通常需要两种以上的决策标准来评估一个目标的所有选择方案。

Decision logic 决策逻辑：decision theory 决策理论。

Decision matrix 决策矩阵：包含所有与决策相关的信息的矩阵图。通常选择的内容在竖坐标上；而横坐标则是关于结果的类型和/或前景，矩阵里的方块体现的是不同的结果。

Decision maxim 决策原则：用来将各种选择的不同结果总汇成一个完整结果的规则。决策原则只有当操作者了解各种可采用的选择及其结果之后方能起作用。决策原则是为了防止产生多价、风险和不确定性而设置的。

Decision problem 决策问题：在实现某一个或几个目标时出现现有状况与理想状况之间存在差异的情况，决策问题就会发生。如果操作者在缩短目前状态与理想状态之间的距离方面至少有两种选择的话，也就会产生决策问题。

Decision sequence　决策顺序：如果目前制定的决策显示出还有进一步做决策的可能或必要时就会出现决策顺序问题。未来决策可拥有的选择方案和/或这些选择可能产生的结果取决于目前决策所选择的方案。决策顺序通常由决策树来体现。

Decision theory　决策理论：决策理论概括了在决策研究成果中所积累的知识。决策理论包括决策逻辑、描述性或解释性决策理论和规范性决策理论。

Decision tree　决策树：表现决策顺序的图表。通常以决策的焦点问题（决策结点）作为开始，然后对每一种选择可能出现的决策结点和机会结点做出详细说明。

Decision variable　决策变量：操作者能够控制并且制定其价值的变量。通常决策者总会面临一些决策变量，每一个变量都有一系列的特征。决策变量及其价值决定了解决方案的范围，是制定选择方案的基础。

Decision making process　决策程序：decision making procedure 决策程序

Decision making procedure　决策程序：为收集和处理信息而制定的一系列主观性规则。可以根据所涉及内容的多少而分为一般决策程序和特殊决策程序两种类型，还可以根据所得到的不同解决方案分为分析式程序、规则系统和启发式决策程序。分析式程序产生最佳的选择，但是受到常规方法的限制；启发式决策程序只能得到满意的解决方案，其优点是较少受到，甚至不会受到常规方法的限制

Environmental scenario　环境假设：如果一个决策问题中的不

可控制的环境变量的未来价值无法确切地预测到,那就会存在几种可能的环境假设。这些环境假设至少会部分影响到决策的结果。我们可以根据每一种环境假设发生的可能性判断出某个决策问题是有风险的还是不确定的。

Explanatory decision theory 解释性决策理论:decision theory 决策理论

Formal rationality 形式的合理性:rational decision 理性的决策

General decision-making procedure 一般的决策程序:decision making procedure 决策程序

Goal 目标:指操作者们所期望达到的境界。目标通常都没有被清晰地界定出来,而只是被模糊地描述出来。通常,操作者会有几个不同的目标,因此有了一个目标系统。目标是发现决策问题和制定决策的基础。

Goal system 目标系统:通常操作者都同时追求几个目标,因此拥有了一个目标系统,从而构成了发现问题和制定决策的基础。目标系统一般都不够精确明晰,而是模糊不清的,有时甚至包含着许多矛盾。

Heuristic principle 启发式原则:使操作者能够解决复杂问题的思维方式。启发式原则是启发式决策程序的重要基础,其中的一个重要原则是将问题分解,也就是把一个复杂的问题分解成几个可以同时解决或按顺序解决的子问题。

Heuristic decision making process 启发式决策程序:decision making process 决策程序

Individual consequence　单个的结果：consequence 结果

Objective　目标：goal 目标

Option　选择：操作者可以用于解决决策问题的方法。选择提供了决策问题中所有变量的价值总合。

Overall consequence　总体结果：在多价决策和/或风险决策或不确定决策的情况下，每一个选择都会有几种结果。运用决策原理可以将这些结果整合到所有选择的总体结果当中。

Polyvalent decision　多价决策：一种决策问题。操作者使用一些不同的决策标准来评价所确定的选择方案。这些标准在数学上是没有联系的。

Prescriptive decision theory　规范性的决策理论：decision theory 决策理论

Problem finding system　问题发现系统：公司信息系统的一部分，是专门用来发现决策问题的信息系统。

Problem indicator　问题指数：variable 变量，根据它的变化可以判断一个决策问题，是问题发现系统的核心要素。

Rational decision　理性的决策：怎样的决策才是理性的？关于这个问题有两个不同概念，一个是实质上的理性，也就是所追求的目标是正确的，目标本身是理性的。另外，决策的程序也是一个理性的过程。另一个是形式上的理性，只要求决策程序是理性的。由于目标通常代表了主观的价值取向，它们不可能被区分为正确或错误，因此实质上的理性是不可能存在的。管理科学就是以形式上的理性为导向的。

Risk decision　风险决策：无法正确地预测到形势的发展时出

现的决策问题。其结果是操作者必须根据不同的环境假设发生的可能性来制定决策，这些情况与不确定决策不同。在不确定的决策中，未来情况发生的可能性无法确定。而在风险决策中，选择方案所产生的结果至少是部分不确定的。

Scenario 前景：environmental scenario 前景假设

Sequential decision 有秩序的决策：decision sequence 决策顺序

Solution space 解决方案的范围：决策问题中的解决方案的范围被界定为决策变量及其价值。解决问题的选择方案应该尽可能彻底地将这个范围包含进去。

Specific decision-making procedure 详细的决策程序：decision-making procedure 决策程序

Substantial rationality 实质上的理性：rational decision 理性的决策

Target 目标：goal

Uncertain decision problem 不确定决策：当环境状况和发展趋势无法准确预测时的决策问题。这种情况的结果是，操作者必须审视几个不同的前景，这些前景无法预测到发生的可能性这一点与风险决策相反，因为风险决策中可以预测到一定的可能性。在不确定决策中，最终的选择至少存在部分不确定性。

Uncontrollable situation feature 无法控制的环境特征：uncontrollable

Situation variable 无法控制的环境变量

Uncontrollable situation variable 无法控制的环境变量：操作者无法影响，但它自己能够影响决策选择结果的变量。通常操作者没有能力预测到无法控制的环境变量的未来价值，但必须考虑一系列可能生产的价值。在这种情况下，不确定的、无法控制的环境变量一般被汇集到不确定的前景当中。

Univalent decision 单价决策：在评估所做的选择时操作者只运用一种决策标准的情况。操作者使用一种以上的标准时也可以称作单价决策，但所使用的标准在计算方面是相互联系的。

参考文献

Anderson, D., Sweeney, D., Williams, A. (2008): *Statistics for Business and Economics*, 10th edition, Mason

Arrow, K. (1963): *Social Choice and Individual Values*, New York etc.

Asch, S. (1955): Opinions and Social Pressure, in: Scientific American, No. 5/1955, pp. 31–35

Bamberg, G. (1993): *Entscheidungsbaumverfahren*, in: Wittman, W., Kern, W., Köhler, R. et al. (eds.): Handwörterbuch der Betriebswirtschaft, Teilband 1, 5th edition, Stuttgart 1993, pp. 886–896

Bamberg, G., Coenenberg, A. (2002): *Betriebswirtschaftliche Entscheidungslehre*, 11th edition, Munich

Bazerman, M., Moore, D. (2009): *Judgment in Managerial Decision Making*, 7th edition, Hoboken

Bertsimas, D., Freund, M. (2004): *Data, Models and Decisions; The Fundamentals of Management Science*, Belmont

Bitz, M. (1981): *Entscheidungstheorie*, Munich

Blin, J., Whinston A. (1974): *Fuzzy Sets and Social Choice*, in:

Journal of Cybernetics, No. 3/1974, pp. 28 – 36

Brauchlin, **E.**, (**1990**): *Problemlösungs- und Entscheidungsmethodik*, 3rd edition, Bern

Buzzell, **R.**, **Gale**, **B.** (**1989**): *Das PIMS-Programm*, Wiesbaden

Capgemini (**Hrsg.**) (**2004**): *Business Decisiveness Report*, London

Copeland, **T.**, **Tufano**, **P.** (**2004**): *Komplexe Entscheidungen leicht gemacht*, in: Harvard Business Manager, Juni/2004, pp. 74 – 87

Dellmann, **K.**, **Grünig**, **R.** (**1999**): *Die Bewertung von Gesamtunternehmensstrategien mit Hilfe des Analytischen Netzwerk Prozesses resp. des Analytischen Hierarchischen Prozesses*, in: Grünig, R., Pasquier, M. (eds.): Strategisches Management und Marketing, Bern, Stuttgart and Vienna, pp. 33 – 56

Drucker, **P.** (**2001**): *The Effective Decision*, in: Harvard Business School Press (ed.): Harvard Business Review on Decision Making, Boston, pp. 1 – 19

Eisenführ, **F.**, **Weber**, **M.** (**2003**): *Rationales Entscheiden*, 4th edition, Berlin etc.

Eisenhardt, **K.**, **Zbaracki**, **M.** (**1992**): *Strategic Decision Making*, in: Strategic Management Journal, special issue, Winter/1992, pp. 17 – 37

Feigenbaum, **E.**, **Feldman**, **J.** (**1963**): *Artificial Intelligence; Introduction*, in: Feigenbaum, E. Feldmann, J. (eds.): Computers and Thought, New York etc., pp. 1 – 10

Fischer, **J.** (**1981**): *Heuristische Investitionsplanung*, Berlin

Gäfgen, **G.** (**1974**): *Theorie der wirtschaftlichen Entscheidung*, 3rd edition, Tübingen

Grant, R. (2010): *Contemporaty Strategy Analysis*, 7th edition, Massachusetts

Grünig, R. (1990): *Verfahren zur Überprüfung und Verbesserung von Planungskonzepten*, Bern and Stuttgart

Grünig, R. (2002): *Planung und Kontrolle*, 3rd edition, Bern, Stuttgart and Vienna

Grünig, R., Kühn, R. (2011): *Process-based Strategic Planning* 6th edition, Berlin and Heidelberg

Gygi, U. (1982): *Wissenschaftsprogramme in der Betriebswirtschaftslehre*, Zofingen

Hedley, B. (1977): "Strategy and the Business Portfolio", in: *Long Range Planning* No. 1/1977, pp. 9 – 15

Heinen, E. (1976): *Grundlagen betriebswirtschaftlicher Entscheidungen*, 3rd edition, Wiesbaden

Hungenberg, H. (1999): *Problemlösung und Kommunikation*, Munich and Vienna

Jennings, D., Wattam, S. (1998): *Decision Making*, 2nd edition, Harlow etc.

Joiner (Hrsg.) (1995): *Cause-and-effect diagram*, Madison

Kahneman, D., Tversky, A. (1982): "The Psychology of Preferences", in: *Scientific American*, No. 1/1982, pp. 136 – 142

Kaufmann, A., Fustier, M., Devret, A. (1972): *Moderne Methoden der Kreativität*, Munich

Klein, **H.** (**1971**): *Heuristische Entscheidungsmodelle; Neue Techniken des Programmierens und Entscheidens für das Management*, Wiesbaden

Köhler, **R.** (**1978**): Forschungsobjekte und Forschungsstrategien, in: Die Unternehmung, No. 3/1978, pp. 181 – 196

Krelle, **W.** (**1968**): *Präferenz-und Entscheidungstheorie*, Tübingen

Kühn, **R.** (**1969**): *Möglichkeiten rationaler Entscheidung im Absatzsektor unter besonderer Berücksichtigung der Unsicherheit der Information*, Bern

Kühn, **R.** (**1978**): *Entscheidungsmethodik und Unternehmungspolitik; Methodische Überlegungen zum Aufbau einer betriebswirtschaftlichen Spezialdisziplin, erarbeitet am Gegenstandsbereich der Unternehmungspolitik*, Bern and Stuttgart

Kühn, **R.**, **Grünig**, **R.** (**1986**): "Aktionsforschung und ihre Anwendung in der praktischen-normativen BWL", in: *Die Unternehmung*, No. 2 1986, pp. 118 – 133

Kühn, **R.**, **Kreuzer**, **M.** (**2006**): *Marktforschung*, Bern, Stuttgart and Vienna

Kühn, **R.**, **Pfäffli**, **pp.** (**2010**): *Marketing, Analyse und Strategie*, 13th edition, Zurich

Kühn, **R.**, **Walliser**, **M.** (**1978**): "Problemdeckungssystem mit Frühwarneigenschaften," in: Die Unternehmung, No. 3/1978, pp. 223 – 243

Laux, **H.** (**2002**): *Entscheidungstheorie*, 5th edition, Berlin etc.

Little, **J.** (**1970**): "Models and Managers: The Concept of a Decision Calculus", in: *Management Science*, No. 8/1970, pp. B – 466 – B – 485

Minsky, **M.** (**1961**): "Steps Toward Artificial Intelligence", in:

Proceedings of the Institute of Radio Engineers, January/1961, pp. 8 – 30

Morieux, Y. (2011): "Smart Rules: Six Ways to Get People to Solve Problems without You", in: *HBR*, September 2011, pp. 78 – 85

Nöllke, M. (2012): *Kreativitätstechniken*, 6th edition, Freiburg

Parfitt, J. Collins, B. (1968): "The Use of Consumer Panels for Brand-Share Prediction", in: *Journal of Marketing Research*, May/1968, pp. 131 – 145

Pfohl, H., Braun, G. (1981): *Entscheidungstheorie: klassische Konzepte und Fuzzy-Erweiterungen*, Landsberg am Lech

Porter, M. (1991): "Towards a Dynamic Theory of Strategy", in: *Strategic Management Journal*, special issue, Winter/1991, pp. 95 – 117

Raffée, H., Fritz, W. (1990): *Unternehmensführung und Unternehmenserfolg-Grundlagen und Ergebnisse einer empirischen Untersuchung*; Management Know-how Papier M10, Mannheim

Ramsey, F. (1931): *The Foundations of Mathematics and other Logical Essays*, New York

Robbins, S., De Cenzo, D., Coulter, M. (2011): *Fundamentals of Management*, 7th edition, Boston etc.

Rommelfanger, H., Eickemeier S. (2002): *Entscheidungstheorie; Klassische Konzepte und Fuzzy-Erweiterungen*, Berlin etc.

Rühli, E. (1988): *Unternehmungsführung und Unternehmungspolitik*, 2nd edition, Bern etc.

Russo, J., Schoemaker P. (1990): *Decision Traps; Ten Barriers to Brilliant Decision-Making and How to Overcome Them*, New York etc.

Saaty, Th. (1980): *The Analytic Hierarchy Process*, New York etc.

Sanders, R. (1999): *The Executive Decision-making Process*, Westport

Simchi-Levi, D., Kaminsky, pp. Simchi-Levi, E. (2009): *Designing and Managing the Supply Chain*, 3rd edition, Boston etc.

Simon, H. A. (1966): *The Logic of Heuristic Decision Making*, in: Rescher, N. (ed.): The Logic of Decision and Action, Pittsburgh, pp. 1 – 35

Simon, H. A., Newell, A. (1958): "Heuristic Problem Solving; The Next Advance in Operations Research", in: *Operations Research*, Jan.-Febr./1958, pp. 1 – 10

Sombart, W. (1967): *Die drei Nationalökonomien*, 2nd edition, Berlin

Stelling, J. N. (2005): *Betriebliche Zielbestimmung und Entscheidungsfindung*, ttp://www.htwm.de/ww/teachware/profst/zue.pdf, 22.04.2005, pp. 1 – 44

Streim, H. (1975): *Heuristische Lösungsverfahren; Versuch einer Begriffsklärung*, in: Zeitschrift für Operations Research, 1975, pp. 143 – 162

Stringer, E. (2007): *Action Research*, 3rd edition, Los Angeles etc.

Thommen, J.-P. (2002): *Betriebswirtschaftslehre*, 5th edition, Zurich

von Nitzsch, R. (2002): *Entscheidungslehre: wie Menschen entscheiden und wie sie entscheiden sollten*, Stuttgart

Weibel, B. (1978): *Bayes'sche Entscheidungstheorie*, Bern

Wöhe, G. (1996): *Einführung in die Allgemeine Betriebswirtschaftsle-*

hre, Munich

Yin, R. (**2003**): *Case Study Research*, 3rd edition, Thousand Oaks etc.

Zwicky, F. (**1966**): *Entdecken, Erfinden, Forschen im morphologischen Weltbild*, Munich and Zurich

图书在版编目（CIP）数据

如何制定成功的决策：用系统的方法决策复杂的问题／（瑞士）格里宁，（瑞士）库恩著．李向红译．—北京：中央编译出版社，2013．1
ISBN 978-7-5117-1575-3

Ⅰ．①如…
Ⅱ．①格…②库…③李…
Ⅲ．①决策学
Ⅳ．①C934

中国版本图书馆 CIP 数据核字（2013）第 005650 号

如何制定成功的决策

出 版 人	刘明清
出版统筹	薛晓源
责任编辑	郑　锦
责任印制	尹　珺
出版发行	中央编译出版社
地　　址	北京市西城区车公庄大街乙 5 号鸿儒大厦 B 座　邮编：100044
电　　话	（010）52612345（总编室）　（010）52612335（编辑室）
	（010）66161011（团购部）　（010）52612332（网络销售）
	（010）66130345（发行部）　（010）66509618（读者服务部）
网　　址	www.cctpbook.com
经　　销	全国新华书店
印　　刷	北京中兴印刷有限公司
开　　本	787×1092 毫米　1/16
字　　数	190 千字
印　　张	17
版　　次	2013 年 1 月第 1 版第 1 次印刷
定　　价	49.00 元

本社常年法律顾问：北京市吴栾赵阎律师事务所律师　闫军　梁勤
凡有印装质量问题，本社负责调换，电话：（010）66509618